《读者》人文科普文库·"有趣的科学"丛书

SHIJIESHANG SHIFOU
CUNZAI LINGYIGE NI

世界上是否存在另一个你

《读者》（校园版）编

甘肃科学技术出版社

甘肃·兰州

图书在版编目（ＣＩＰ）数据

世界上是否存在另一个你 /《读者》（校园版）编
. —— 兰州：甘肃科学技术出版社，2021.3（2024.6 重印）
ISBN 978-7-5424-2811-0

Ⅰ. ①世… Ⅱ. ①读… Ⅲ. ①科学知识－青少年读物
Ⅳ. ① Z228.2

中国版本图书馆 CIP 数据核字(2021)第 041336 号

世界上是否存在另一个你

《读者》（校园版）　编

总 策 划	马永强	富康年		
项目统筹	李树军	宁　恢		
项目策划	赵　鹏	潘　萍	宋学娟	陈天竺
项目执行	韩　波	温　彬	周广挥	马婧怡

项目团队	星图说
责任编辑	马婧怡
封面设计	陈妮娜
封面绘画	蓝灯动漫

出　版　甘肃科学技术出版社
社　址　兰州市城关区曹家巷 1 号　　730030
电　话　0931-2131575（编辑部）　　0931-8773237（发行部）

发　行　甘肃科学技术出版社　　　印　刷　天津旭丰源印刷有限公司
开　本　787 毫米 ×1092 毫米　1/16　印　张　13　插　页　2　字　数　170 千
版　次　2021 年 3 月第 1 版
印　次　2024 年 6 月第 3 次印刷
印　数　15 101~16 150
书　号　ISBN 978-7-5424-2811-0　定　价：49.80 元

前　言

　　面对充斥于信息宇宙中那些浩如烟海的繁杂资料，对于孜孜不倦地为孩子们提供优秀文化产品的我们来说，将如何选取最有效的读物给孩子们呢？

　　我们想到，给孩子的读物，务必优中选优、精而又精，但破解这一难题的第一要素，其实是怎么能让孩子们有兴趣去读书，我们准备拿什么给孩子们读——即"读什么"。下一步需要考虑的方为"怎么读"的问题。

　　很多时候，我们都在讲，读书能让读者树立正确的科学观，增强创新能力，激发读者关注人类社会发展的重大问题，培养创新思维，学会站在巨人的肩膀上做巨人，产生钻研科学的浓厚兴趣。

　　既然科学技术是推动人类进步的第一生产力，那么，对于千千万万的孩子来说，正在处于中小学这个阶段，他们的好奇心、想象力和观察力一定是最活跃、最积极也最容易产生巨大效果的。

　　著名科学家爱因斯坦曾说："想象力比知识本身更加重要。"这句话一针见血地指出教育的要义之一其实就是培养孩子的想象力。

　　于是，我们想到了编选一套"给孩子的"科普作品。我们与读者杂志社旗下《读者》（校园版）精诚合作，从近几年编辑出版的杂志中精心遴选，将最有价值、最有趣和最能代表当下科技发展及研究、开发创造趋势的科普类文章重新汇编结集——是为"《读者》人文科普文库·有趣的科学丛书"。

这套丛书涉及题材广泛，文章轻松耐读，有些选自科学史中的轶事，读来令人开阔视野；有些以一些智慧小故事作为例子来类比揭示深刻的道理，读来深入浅出；有些则是开宗明义，直接向读者普及当前科技发展中的热点，读来对原本知之皮毛的事物更觉形象明晰。总之，这是一套小百科全书式的科普读物，充分展示了科普的力量就在于，用相对浅显易懂的表达，揭示核心概念，展现精华思想，例示各类应用，达到寓教于"轻车上阵"的特殊作用，使翻开这套书的孩子不必感觉枯燥乏味，最终达到"润物无声"般的知识传承。

英国哲学家弗朗西斯·培根在《论美德》这篇文章中讲："美德就如同华贵的宝石，在朴素的衬托下最显华丽。"我们编选这套丛书的初衷，即是想做到将平日里常常给人一种深奥和复杂感觉的"科学"，还原它最简单而直接的本质。如此，我们的这套"给孩子的"科普作品，就一定会是家长、老师和学校第一时间愿意推荐给孩子的"必读科普读物"了。

伟大的科学家和发明家富兰克林曾以下面这句话自勉并勉励他人："我们在享受着他人的发明给我们带来的巨大益处，我们也必须乐于用自己的发明去为他人服务。"

作为出版者，我们乐于奉献给大家最好的精神文化产品，当然，作品推出后也热忱欢迎各界读者，特别是广大青少年朋友的批评指正，以期使这套丛书杜绝谬误，不断推陈出新，给予编者和读者更大、更多的收获。

丛书编委会

2020 年 12 月

目　录

听，你的脚在说小秘密

莘 歆

脚是怎么出现的

生物学家告诉我们，胚胎的发育过程就是生物进化过程的快速重现，足部的发育也是如此。我们在妈妈肚子里一个月的时候，胚胎四肢的形状像鱼鳍，而在两个月的胚胎的足中出现了跟骨和距骨，与爬行动物的足类似，然后慢慢地与哺乳动物的足长得越来越像。刚出生的婴儿便拥有了一双小脚，这双小脚还不足以支撑全身的重量，却已经拥有了脚踝和脚弓，这是人类能直立行走的基础条件。

生物学家认为，能进化成陆地生物的海洋始祖应该具备四大条件。鱼类出现颌骨是首要条件，这使它们从只能被动吸入浮游生物向主动出击捕食转变。从软骨鱼类转变成硬骨鱼类是第二阶段，像鲨鱼、鳐鱼这些整个骨架都是软骨的鱼类，无法在陆地上支撑自己沉重的体重，只有硬骨鱼类，才可能上岸生存。肉鳍鱼家族，是目前生物学家认为最有可能是始祖家族的鱼类，它们的鱼鳍中也存在内骨骼，鱼鳍具有内骨骼的鱼上岸后，它们的鱼鳍可以进化成四肢。肉鳍鱼与其他鱼有一个不同点，这是它们可以上岸生活的决定性条件，那就是拥有内鼻孔，完全的陆地生物都是用肺呼吸的，它们必须有与外鼻孔相通的内鼻孔，这样才能使外部空气顺利进入肺部，正是凭借这个条件，肉鳍鱼才可能成为陆地生物的始祖。

提塔利克鱼是一种已灭绝的肉鳍鱼类，生活于约 3.75 亿年前的泥盆纪晚期，化石显示它同时具有肉鳍鱼类及两栖类的特征，目前生物学家认为它是最早爬上陆地的肉鳍鱼之一。

肉鳍鱼向陆地迈出了一小步，却开辟了脊椎动物陆地生活的一大步，从而拉开了今日陆地生机盎然、多姿多彩的序幕。鱼类上岸后，其足部结构就逐渐地完善和分化了，产生了适合爬行的爬行动物，适合快速奔跑的猫科动物，适合攀爬抓握的灵长类动物——包括直立行走的人类。各种动物的脚各有各的不同，都是为了适应不同的生活环境和行走方式进化而成的。不过有些动物的脚除了行走，还有别的妙用。

脚不仅可以用来行走

陆地动物的脚通常是为了支撑身体和适应运动形式而进化的，比如人类的脚踝和脚腱，这两个部位的出现使我们可以长距离行走和奔跑；猫的爪子上有厚厚的肉垫，可以吸音、减震和稳定身体；蜘蛛的脚可以分泌油脂，让它能在自己织的网上来去自如；树蛙的脚趾上长有小吸盘，它是可以"飞檐走壁"的武林高手，在高大的树木上跳跃也摔不下来……不过除了这些功能，有些动物的脚还被赋予了更多的功能。

比如在低等动物中，脚还有别的功能，像海胆，它的"脚"除了行走，还有视物和进食的作用。海胆是无脊椎动物，严格来说它的运动器官不能算脚，不过它的运动器官跟贝类的斧足类似，具有移动和附着的作用，也相当于脚了。在实验中，实验人员用强光照射海胆，它们便会走到阴影区域去；如果拿一个快速移动的物体模拟捕食者靠近海胆的"脚"，它们也会避开。

除了海胆，蝴蝶和苍蝇等昆虫的脚，也具有其他功能——它们用脚来"尝味"。科学家将一只蝴蝶"禁食"两三天后，用沾有糖水的棉花球触碰它的前腿，蝴蝶马上伸出了它的长喙，开始吸吮食物。此前，科学家也曾把它的长喙浸到糖水里，而那时它对糖水可是不屑一顾的。于是我们可以猜测，蝴蝶的脚就是它的"舌头"，这个"舌头"很灵敏，它不仅能尝出甜味，而且能识别出咸味和苦味。

苍蝇的脚上有许多茸毛，这些茸毛犹如人的味蕾，对味道非常敏感。当苍蝇落在食物上时，它会首先用脚去尝一下食物的味道，然后决定吃还是不吃。如果你仔细观察，有时候会发现，苍蝇落下后，会不断地"抖脚"，这是为了把脚上沾的食物残渣搓掉，以免影响它品尝下一道"佳肴"。

其实我们人类的脚也能"闻"到味道。科学家做过一个"奇特"的实验，首先在密封的塑料袋里装入剁碎的大蒜，接着把洗干净的脚丫子伸进塑料袋中再绑紧袋子，紧到你闻不到大蒜的味道。此时，用脚丫子揉搓袋子里的大蒜，静待一个小时。"奇迹"发生了，你会感到鼻子和嘴巴里充满了大蒜的味道，但其他人闻不到，难道你的鼻子获得了穿透塑料袋闻味道的超能力？

不，这个味道是你的脚传给你的鼻子的。大蒜被脚"蹂躏"后会产生一种叫作大蒜素的油状液体，这种液体可以穿透脚部的皮肤，进入血管，最后到达你的嘴巴和鼻子，这样你就通过脚"闻"到了大蒜发出的味道。因为这种物质并没有散发到空气中，所以其他人是闻不到的。

当然，并不是所有的化学物质都能被脚"闻"到的，皮肤只能吸收既可以和水结合也可以和油结合的物质，除了大蒜素，酒精、汽油等物质也可以被皮肤吸收，它们都可以被脚"闻"到。

脚也会长大

脚不仅是一个器官，在西方国家，"脚"也被用作长度单位。传说，公元1100年，英国没有统一的度量衡，人们所有的土地大小难以丈量，当时的英国国王亨利一世为了解决这个问题，决定用他穿着靴子的脚的长度作为标准长度单位，来衡量土地的长宽。每个人的高矮胖瘦不同，脚长也是不一样的，这当然不算一个好的标准，因此仍然时常产生争议。直到1959年7月1日，美国首次将"1脚"（英文"foot"也译为"英尺"）的长度标准化，定为0.3048米，这样距离就可以用"几脚"来形容了，而即使大家脚的大小不同，对距离的理解也不会出错。

尽管人为规定的长度不会变，但是我们的脚的大小并不是固定不变的，脚也会长大。

在我们的一生当中，脚就像老黄牛一样，任劳任怨——我们的双脚与地面接触超过1000万次，默默支持着我们完成各种活动。所以，我们要关心自己的双脚，小心保护它们，这样它们才能伴我们走过更长的人生。

我们的子孙会通过什么方式了解我们

英国《新科学家》杂志

邱涛涛　编译

当未来的人们要拼凑出一幅 2012 年原始文明的图画时，考古学无疑将是实现这一目标的最佳途径。毕竟，最好的图书馆、档案馆和博物馆都有可能被一场大火烧毁，世界上最古老的图书馆之一的亚历山大图书馆的命运就充分说明了这一点。

那么，10 万年后的考古学家会发现关于我们的什么呢？只有最幸运的文物才能避免被碾碎、散落、丢弃或侵蚀。作为个人来说，你应该留不下能保存得那么久的任何东西。只要把时间箭头指向相反方向上的相同距离处，你就能发现原因。大约 10 万年前，解剖学意义上的现代人类刚刚从非洲迁徙到世界各地。我们对他们的了解大部分都靠猜测，因为遗留的线索只有锋利的石器和少量的化石。

你很难留下你的骨头。化石的形成是极其罕见的事件，特别是对像我们这样的陆地动物而言。不过，在现在地球上的 70 亿人口中，至少还会有几个人"名垂青史"。

最幸运和最珍贵的将会是"瞬间化石"。它们形成于人或动物死于富含钙的季节性池塘及湿地，或者洞穴中时。美国自然历史博物馆的古生物学家凯·贝伦斯迈耶说，在这些情况下，骨骼能够快速地矿化，以抵抗分解，形成化石。在肯尼亚南部，一只角马的脚趾骨吸收碳酸钙的速度异常地快，以至它在死后不到两年就开始变成石头。

未来的化石搜寻者不会去墓地里寻找我们，因为埋葬在那里的尸体在几个世纪内就会化成灰尘。相反，贝伦斯迈耶说，最丰富的人类骨骼很可能位于灾难性事件的废墟中，例如在火山灰或亚洲海啸留下的细粒沉积物中。一些尸体可能会在泥炭沼泽或高海拔沙漠中变成干尸，但如果环境发生变化——这在 10 万年之久的时间跨度上是非常可能的——它们便会腐烂掉。

同样的变化也将会毁掉我们文明的其他重要痕迹——我们的家园。气候变化和海平面上升可能会淹没新奥尔良和阿姆斯特丹等沿海城市。在这种情况下，海浪很可能会毁坏建筑物的地上部分，而地下室和桩木很快就会被沉积物掩埋。虽然混凝土可能会在几千年内溶解，但考古学家会识别出沙子和砾石的精确矩形图案，这些保留下来的图案将成为目的性设计的标志。"在自然界中，不会有任何东西天生就长得像我们所创造的式样。"英国莱斯特大学的地质学家简·扎拉西维奇说。

"这些设计在我们最大的建筑结构中体现得最为清楚明白。一些人类文物，如露天的矿藏，本质上是一种地质特征，将作为可以证明我们土方工作能力的证据保存数十万年。我们最大的水坝，比如中国的三峡大坝和美国的胡佛大坝，都有着体积极为庞大的混凝土，肯定总有些断壁残垣能存活这么长时间。"旧金山恒今基金会的执行主任亚历山大·罗斯如是说。一些建筑——最值得一提的是芬兰奥尔基卢奥托岛的"翁卡洛"核废料储存库，是按能够完整保存 10 万年的标准来设计建造的。

我们也忙于建造另一个巨大的遗产，这将是未来考古学家真正的丰收之物：我们的垃圾。我们的大部分物产的最终所归之处——垃圾填埋场，几乎是完美的可进行长期保存的地方。现代的垃圾填埋场在填满后，通常会用一层不透水的黏土密封，使得里面很快缺氧，而氧气正是保存物品的最大敌人。"我认为，说这些填埋场能在地质时间尺度上保持无氧状态也不为过。"北卡罗来纳州立大学的莫顿·巴拉兹说。而伊利诺伊大学的垃圾填埋专家让·博涅表示，在这样的条件下，即使是天然纤维和木材等有机材料，也有可能不腐烂——尽管在几千年的时间里，它们会逐渐转变成类似于泥炭或软煤这样的东西。

一些材料会被原样保存下来。我们现在不再制造很多的石制品了，但是一些雕像可以幸存下来——被埋藏起来不受侵蚀。陶瓷盘子和咖啡杯应该也会无限期地保存下去，就像早期人类文明中的陶器一样。一些金属，比如铁，会迅速腐蚀，但钛、不锈钢、黄金等金属则能保存更长的时间。别忘了，埃及法老图坦卡蒙随葬的黄金在 5000 年后看起来几乎没有变化。"我们没有理由认为 10 万年后，情况会不一样。"罗斯说。的确，钛制的笔记本电脑外壳，哪怕其内部早已腐蚀，最终也可能成为我们文明中最持久的文物之一。未来的学者们说不定会根据这些中空的薄板及刻于其表面的苹果图案构建出一套关于我们宗教活动的详尽理论呢。

事实上，无论我们如何努力地为后代保存遗产，也永远无法知道子孙会对我们的文明的哪些方面感兴趣。例如，今天，我们对早期人类的研究受到了达尔文理论的启发，而仅仅在一个世纪以前，这种观点还是不可想象的。即使博物馆里的东西保存下来，它们也只会告诉后代，我们是如何看待自己的。至于他们如何看待我们，则是今天正在读这些文字的人无法预测的。

·摘自《读者》（校园版）2020 年第 5 期·

脸皮究竟有多厚

王颖昌

在日常生活中，我们常常用"厚颜无耻""脸比城墙还厚"等词语形容对某些人的鄙夷之感。那么人的脸皮到底有多厚呢？

脸皮属于人的皮肤，皮肤也是人体最大的器官。人的皮肤是由表皮、真皮和皮下组织构成的，表皮的厚度有 0.1 毫米 ~0.3 毫米，真皮的厚度大致在 0.3 毫米 ~2 毫米，皮下组织的厚度就因个人的肥胖程度而定了。一般情况下，我们将皮肤的厚度定义为表皮的厚度，平均为 0.1 毫米 ~0.3 毫米。脸皮的厚度当然也在此范围之内。

因为身体各部位的功能不同，相对应的皮肤的厚度自然也不一样。譬如人在走路时，脚底会与鞋产生摩擦，因此脚底的皮肤是最厚的。而脸部皮肤就比较薄了，生物学家在解剖时发现人的脸皮的厚度基本上不超过 0.1 毫米。不过人的脸皮厚度并不会超过身体皮肤的厚度。皮肤有防御功能，经常使用去角质护肤品的女性，脸皮会稍微变薄，导致肌肤更容易被细菌入侵，被太阳晒伤。

人的脸皮的厚度与人的年龄有很大关系，年龄越大则脸皮越厚。人在大概 9 个月大时脸皮的厚度是 0.04 毫米，15 岁时是 0.07 毫米，35 岁时厚度就已经基本固定了，在 0.1 毫米左右。

·摘自《读者》（校园版）2020 年第 4 期·

世界上是否存在另一个你

把科学带回家

很多人都有过这样的经历——走在路上突然看到某张似曾相识的面孔，定睛一看却发现是自己认错人了，对方可能只是神似或者有某些特征和自己认识的人相似。那么，世界上是否可能存在两个并非双胞胎却有着相同面容的人呢？

"完美分身"存在的概率有多大

就像双胞胎里也有龙凤胎，不仅相同性别的陌生人可能拥有相似的面容，不同性别的陌生人也可能有着类似的面孔。

借助于发达的社交网络，跨越多个国家，摄影师弗朗索瓦·布鲁内尔还真找到了不少陌生人"双胞胎"，并为他们拍下照片。这组摄影作品名为《我们不是双胞胎》，有超过 200 对长相高度相似的非双胞胎参与其中。

这些人并非双胞胎，也没有直接的血缘关系，但拥有如同复刻的脸庞。看到这里，你是否也产生了想找到另一个自己的冲动？或者开始担心有人会利用自己的"长相"行不轨之事？先别着急，事情并没有那么简单。

如今的面部识别技术已经日渐普及各个领域，从解锁手机到电子支付，全都可以靠"刷脸"完成，十分方便快捷。而这一切都建立在每张脸都是独一无二的基础上，即使是双胞胎的脸也会存在细微差异，更别说两个只是看起来长得相似的陌生人。

那么，存在与自己大体相似的另一张脸的概率有多大？

在获得了来自美国军方数据库的 4000 张不同面孔后，科学家泰根·卢卡斯测量了 8 项关键面部识别特征，例如双眼或双耳间的距离，最后得出的结论是：这 8 个面部特征在两张人脸上完全匹配的概率小于一万亿分之一。而且一张脸上的关键特征远不止 8 个，要找到你的"完美分身"的可能性更是微乎其微。

大脑如何识别一张脸

虽然完全"复制粘贴"的长相难以出现，但实际上，在全球 70 多亿的人口中，我们不时就能发现两个长相相似的人，网上有不少和名人"撞脸"的照片。但仔细观察就会发现，他们往往只是在整体上给人相像的感觉，但如果把细节逐个拆开对比，又会发现不少差异。

这是因为大脑在进行面部识别时，并非逐一分开判断这些细节（比如眉毛的弧度、虹膜的颜色），而是首先从整体出发，比如发际线轮廓、肤色和五官排布方式，只要大体相近，就能让我们产生"这两个人长得好像"的感觉。接下来大脑才会关注眼睛、嘴巴和鼻子这些局部特征。

我们的大脑主要通过梭状回面孔区将各个面部特征联系成一个整体。这样一来，即使一张脸的局部细节发生改变也能被认出来。也就是说，一般人不会因为朋友换了发型、修了眉毛就认不出对方。

从遗传学角度分析，目前科学家已经鉴定出超过 50 种可能与面部特征有关的基因，比如从眼睛到鼻根的距离等。在有限的基因数量下，理论上只要组合次数足够多，就有可能出现相似的情况。

但是，一张脸所包含的信息量非常大，从五官、肤色到毛发在人群中都有着高度多样性。许多特征的形成也并非由单个基因决定，不仅可能有复杂的基因间相互作用，而且还有环境等因素的影响，所以目前通过基因分析来还原人脸的实验效果并不十分理想。

不过，同一种族往往会有一些共同的面部特征，比如亚洲人的黑发、黄皮肤，再加上足够大的人口基数，决定面部特征的基因就更有可能出现相似的组合，所以对于我们这个拥有 14 亿多人口的大国来说，想要找到和自己相似的伙伴或许会相对容易一点。

人脸多样化源于爱"看脸"

总体而言，人脸出现重复的概率是很低的。2014 年，一项发表在《自然·通讯》上的研究显示，人类的面部特征与其他动物相比具有更高的多样性，而这样的演化结果与"看脸"在人类社会中的重要性紧密相关。

比如，企鹅在我们看来都是从一个模子里刻出来的，在企鹅的育儿区聚集着成千上万只企鹅宝宝，它们看起来全都一样，那如果一只企鹅宝宝混入一大群企鹅中，企鹅爸妈又是如何找到它的呢？

如果靠逐一认脸，估计还没找到宝宝，企鹅爸妈就累坏了。它们其实是通过声音来识别彼此的，所以它们在面部特征上并没有发展出多样性。

　　但人类就不同，面部特征是一般人识别彼此最重要的方式，孩子认爸妈、成年人找伴侣，都离不开"看脸"。而且，相比于我们身体的其他部位，丰富的面部特征更不容易出现重复，更方便我们对上号。由于面部特征具有遗传性，"看脸"也让我们的祖先能更准确地识别出自己的亲人或同宗族的成员，对生存更有利。

　　有研究表明，我们对和自己长相相似的人更有好感，认为对方更值得信任，也更具吸引力。

　　从进化角度解释，这或许是因为相似的面孔暗示着可能的亲缘关系。但在人口数量庞大的现代社会，这样的推测可就行不通了。你以为对方是自己失散多年的亲人，但布里斯托大学的遗传学家表示，即使长相相似，你们的 DNA 相似度也可能与随机相遇的陌生人无异。

·摘自《读者》（校园版）2020 年第 24 期·

自我控制能力的消耗

文　翰

　　试图通过戒烟、戒酒或者节食来改变自己的人会发现，实现这样的目标需要自我控制，不让自己屈服于即时的享乐，而这真的很难。这表明，我们控制自己的能力是有限的。从科学角度看，如果把这一判断视作一个科学假说，那么我们该如何来进一步检验这个假说呢？ 2000 年，心理学家弗赫斯与希瑟顿对此进行了研究。

　　两位学者认为，自我控制的能力属于一种资源。他们由此推论：如果我们在完成某种任务时进行了自我控制从而消耗了这种资源，由于资源是有限的，那么我们在接下来的任务中就更难以控制自己。以节食者为对象，两位学者对这一推论进行了实证检验。他们让第一组被试者吃冰激凌，让第二组被试者首先抵抗眼前一盘糖果的诱惑，然后再吃冰激凌。

实验结果表明，第二组被试者会比第一组被试者吃更多的冰激凌。

这一实验结果不仅验证了两位学者的推论，而且表明：由于需要消耗有限的自我控制能力，实现节食目标是不容易的，甚至会适得其反，吃得更多。根据该项研究，我们还可以对一些日常生活现象进行合理解释。例如，家里有小朋友在上学的家长应该熟悉这样的场景：小朋友放学回家后所做的第一件事往往是到处寻找零食吃。为什么小朋友此时很难抵抗零食的诱惑呢？这是因为，天性好动的小朋友在学校上课时需要很好地控制自己，以致有限的自我控制能力被大量消耗。又如，我们在完成了某项需要投入精力的任务（如参加一场重要的考试）后，往往会放纵自己，做一些平常不会做的事（如进行一些娱乐活动、饮酒等）。这也让笔者想起自己小时候的经历——父亲每天上班须花费大量精力处理繁重的案牍工作，结果下班回家后总是控制不住脾气，动辄为一些小事而责骂家人。后来他换了一个较轻松的工作岗位，脾气也随之变好了。

有趣的是，根据该项研究，我们还可以解释，面对他人的反复唠叨，一个态度原本坚定的人为什么也会改变态度。其原因就在于，抗拒被他人说服要耗费一个人的自我控制能力，而他人的反复唠叨最终会使得一个人的有限的自我控制能力被大量消耗。其实，不用反复唠叨，只要等他完成了一项需要消耗自我控制能力的任务后你再去说服他，他就更可能被说服。

2007 年，心理学家惠勒等人对此进行了实验研究。在实验中，第一组被试者需完成一项简单的任务，第二组被试者需完成一项困难的任务，而完成困难任务的目的就在于消耗被试者的自我控制能力。接下来，研究者基于较弱或者较强的理由来说服两组被试者支持毕业考试——被试者原本都强烈反对毕业考试。结果发现，对于第一组被试者来说，较弱的理由是没有说服力的；对于第二组被试者来说，无论是较弱还是较强的理由，均具有相同的说服力。

自我控制能力消耗的生理表现是，我们会因此而感到疲劳，血糖水平也会降低。换言之，实现自我控制是需要能量支持的。从而这也意味着，我们只有吃饱了才会有精力节食——这似乎是一个悖论。如此看来，相对于戒烟、戒酒，节食或许要困难得多。

·摘自《读者》（校园版）2020 年第 4 期·

9000 年前的人类长什么样

谷 诚

在看古装影视剧时，我时常会想：几千年前人类的真实长相到底是什么样的？或许这个问题没那么容易得到答案。终于，在瑞典考古学家、雕刻家奥斯卡·尼尔森的还原下，几千年前，甚至几万年前人类的模样清晰地呈现在了我们眼前。

尼尔森还复原过许多古人的头像，让我们随他一起，去找寻过去的面容吧！

如何还原古人长相

尼尔森会先对考古出土的人类头骨进行 CT 扫描和 3D 打印，制作出头骨的复制品，然后结合法医学和人类学知识推算被还原者的人种、性别、年龄等信息，再用黏土一块块地对被还原者的面部肌肉进行塑造。接着，他会雕琢出一条条皱纹，粘上一根根头发和胡子。每一个重建项目，都要花费 200 多个小时，在这个过程中，包括考古学家、内分泌专家、整形外科专家、神经学家、病理学家、放射科医师、牙医等各路专家都可能参与进来。

黎明（距今约 9000 年）

1993 年，考古学家在希腊一处洞穴中发现了一具女性遗骨。

通过测算，这名女性死亡时的年龄约为 18 岁。

考古学家为其取名为"黎明"，因为她生活在石器时代晚期，这是即将见到农业文明的黎明时期。

通过尼尔森的还原，人们见到了黎明的真容：颧骨突出，眉毛浓重，下巴有些凹陷。尼尔森说，在黎明生活的时代，女性的长相是英气十足的，经过几千年的演化，女性的面部特征逐渐与男性有了区别，不再棱角分明。

9000 年前的人类面孔就这样清晰地出现在了我们眼前，让人感觉到时间的厚重和科学的力量。

瓦尔梅皇后（距今约 1200 年）

2012 年，考古人员在秘鲁发现了一座与瓦里（后来的印加帝国）文化相关的古墓。在古墓里，有 58 具不同年龄的贵族妇女的遗骨。其中一个女人，考古人员称她为"瓦尔梅皇后"，其墓穴比其他人的更奢华，内有金耳弹、银高脚杯等珍贵文物。经过分析，考古人员推测瓦尔梅皇后的年龄在 60 岁以上，生前长时间保持坐姿，可能精于纺织。

尼安德特妇女（距今 4.5 万至 5 万年）

尼安德特妇女的遗骨是 1848 年在直布罗陀海峡附近被发现的。还原这个头像时，尼尔森曾反复思考如何让这张面孔更加"人性化"，"毕竟她不是智人"。

尼尔森说："后来我得出结论，她的眼睛里一定有现代人类的影子。因为最新的研究表明，欧洲人和尼安德特人的 DNA 有 2%~4% 的相似之处，所以他们可能和我们长得很像。"

迪奇灵路男子（距今约 4400 年）

1921 年，在英国的迪奇灵路拓宽时该男子的遗骨被挖出，"迪奇灵路男子"之名由此而来。他是公元前 2400 年前后第一批从欧洲大陆来到英国的农民。

遗骨显示，他死于 25 岁~35 岁，成长过程中长期处于营养不良的状态。

斯降科山男子（距今约 2400 年）

这个男人死于 24 岁~30 岁，遗骨显示他生前身体健康且强壮。他的牙齿缝隙略大，发型类似于古代日耳曼人的苏维比结。

斯隆科山男子的埋葬方式有着明显的铁器时代风格，但不寻常的是，他的陪葬品中有许多海鲜。要知道，海鲜在当时并不是常见的食物。

比耶亚尔（距今约 700 年）

他曾是瑞典的国王，1248 年到 1266 年在位。传说他是瑞典斯德哥尔摩城的创建人，建城的目的是抵御外国海军的侵犯。

石器时代的年轻女人（距今约 5500 年）

这位石器时代的年轻女人在 20 岁左右就去世了。她和一个婴儿葬在一起，她的死亡可能是由难产造成的。

历史是由人组成的，进行人类的面部重建就像打开了历史的窗口，让我们有机会看到历史中人物的真实样子。看完这篇文章的小伙伴不妨照照镜子，你眼前的这张好看的脸，正是人类经过数百万年演变的结果哦！

·摘自《读者》（校园版）2020 年第 4 期·

摄像头捕捉到"不存在的人"

枫 月

深夜当你打开视频网站的主页，各种不同类型的综艺节目会摆在你面前供你挑选，其中"超自然探索"这一类型的节目往往是网友探寻未知、寻求刺激的不二选择：节目中的主持人往往会待在荒废的医院、破旧的别墅等这些所谓的"不祥之地"。视频的画面也绝对恍惚黑暗，一般都是"夜景拍摄模式"。由于是摄影师手持追拍，晃动的人影，模糊的背景，保证你绝对看不清画面。而主持人此时即将展开一场探索超自然现象的工作——说白了，就是"抓鬼"；随着对环境探索的深入，节目的气氛也愈发紧张凝重起来，但凡有什么风吹草动，都要来一场捕风捉影的追赶；终于到了节目的高潮，主持人拿出了找鬼用的"专业"设备——没错，就是改装过的游戏机摄像头 Kinect。

如果你是一个家用游戏机或者数码产品爱好者，Kinect 对你来说一定不陌生。Kinect 是微软公司开发应用于游戏机 XBox 的体感摄像头，也是早年在体感游戏的风潮中，微软公司旗下的家庭娱乐数码产品之一。那么这个 Kinect 摄像头和"抓鬼"有什么关系，又是如何"抓鬼"的？如果你现在打开一些国外的论坛网站，追寻用 Kinect "抓鬼"的都市传说，你会发现早在 2001 年 Kinect 就被网友赋予了"灵魂探测装置"的名头。更耐人寻味的是，这些问题似乎最后都把包袱甩给了微软公司。

都市传说的"起源"

2011 年 4 月 2 日，一位名叫麦克·法赫（用户 ID）的女士，在知名游戏媒体的论坛上写下这样一个故事：一天晚上，法赫和她的儿子在家里用 Kinect 一起玩健身游戏，由于孩子困了，法赫就让孩子先上楼睡觉，自己则继续在摄像头前玩。但时不时地，Kinect 摄像头总是能识别出另外"一个玩家的身体"，要知道此时客厅中除了法赫自己，再无他人。法赫后背发凉，于是马上关掉了游戏机上楼睡觉去了。这个貌似鬼故事的帖子下方，立刻成为网友展开讨论的战场，有质疑的，有冷静分析的，也有瑟瑟发抖的。在众多各执己见的发言中，有一个一本正经胡说八道的评论："或许法赫的儿子是'多重存在'，Kinect 识别到的玩家，说不定是在另外一个世界维度的儿子……"更加可笑的是，这条荒诞的评论反而被越来越多的网友置顶，事情本身也就愈演愈烈。

虽然看起来这个帖子的内容煞有其事，但事实是，从 2010 年微软发售 Kinect 起，灵异鬼怪之说就开始和这个游戏外置摄像头如影随形了。作为一个 11 年前推出的数码产品，Kinect 可以被通俗地理解为一台 3D 体感摄影机，其开发代号为"Project Natal"，同时它导入了即时动态捕捉、影像辨识、语音辨识等功能。Kinect 的工作原理是：依靠相机的镜头，捕捉三维空间中玩家的动作，在捕捉到人体动作的影像之后，会由计算机程序 Natal 将动作影像解析，与内置的人体骨骼运动程序相匹配，最终追踪成像。

当解释到 Kinect 硬核的工作原理时，总是会有很多玩家半信半疑地说："也许这恰恰就是，Kinect 摄像头能实现所谓'跨界工作'的原理也说不定呢。"其实很多玩家在使用摄像头玩游戏的时候，都遇到过这种情况：同事新买的 Kinect，本来一切正常，自己玩着游戏正开心，游戏里检测出，旁边多出来一个人，还是形体很矮、比较小的外形轮廓，在游戏画面里左右晃动……有人遇到过这种事吗？这是一个名叫奥斯莱特（用户 ID）的网友发在社交媒体软件上的描述。

当 Kinect 捕捉到玩家的动作之后，Natal 软件会将动作转化成类似"火柴人"的形式，这是为了能够准确抓取人体活动时骨骼关节的运动，从而方便计算机来进行处理的结果，也是 Kinect 能够实现体感操控的核心技术。玩家偶尔会发现这些不存在的"火柴人"做出了一些抖动的动作，"但这必然是技术问题所导致的结果"。有不少网友直接得出了这样的结论。可是这些"火柴人"除了傻乎乎的抖动，甚至有时能够和玩家发生"隔空互动"的情节，所以事情好像并不是这么简单。

被文学艺术所采用的素材

在国外视频网站上，"Kinect 检测到鬼魂"的相关视频数不胜数，其中有标题党的，有吐槽类的，还有搞笑风格的。其中观看数涨势最猛的还属灵异接触类型的视频。这类视频内容大致讲的是，拍摄视频者自身的见鬼实录，镜头切换以及视频剪辑方法都可以算自成一派，而上文提到的"火柴人"往往是这类视频的主角。迈克尔·麦基（用户 ID）是一位播主，在他的视频里这种所谓的"人鬼接触"就不断上演着。

据迈克尔自述，从 2010 年起他就已经饱受灵异事件的困扰了，他称自己的视频频道为"超自然日记"，用于记录自己身边发生的不寻常事件，而视频画面主要是用 Kinect 摄像头，结合运动骨骼成像画面拍摄而成的。在他的视频栏目中，平均每段视频都是 2 万~3 万的播放量，但其中有一个 94 万播放量的视频鹤立鸡群。在视频中，迈克尔独自坐在沙发上，并且在用 Kinect 摄像头进行着人物识别。当他对着空无一人的房间喊话："你能现身出来和我聊聊天吗？"诡异的事情发生了！第二个神秘"火柴人"（第一个是迈克尔自己的）在他的沙发旁凭空出现了，而且这个"火柴人"还保持着坐姿，要知道沙发上这时只有迈克尔一人。

更加匪夷所思的是，当迈克尔试着伸手，朝他旁边的空处触碰时，屏幕上的"火柴人"似乎是有意识般地也抬起了"手"。这一场面神似米开朗基罗 1510 年在西斯廷礼拜堂的天顶画《创造亚当》，该壁画描绘的是《圣经·创世纪》中上帝创造人类始祖亚当的情形，由指尖传递了灵魂的火花。迈克尔得益于这个 4 年前拍摄的视频，他的栏目也越来越火，而 Kinect 摄像头也成了所谓的"捉鬼神器"。无独有偶，同样作为超自然现象爱好者的视频播主韦尔登，带着自己的团队和 Kinect 摄像头，在一家古董店里也拍下了"指尖接触"的视频。据介绍，这家古董店的老板总是觉着自己店里的沙发上有什么"东西"，起初韦尔登什么也没有捕捉到，但是在古董店的一台老式留声机响起音乐之后，沙发上赫然出现了一个跳舞的"火柴人"。

每一个观看这些超自然视频节目的观众，都完全能够被主持人的话语及节目的氛围代入其中，特别是代表人型的"火柴人"形象，给观众的感官带来了极大的刺激与恐惧感。也许正因为这些真假难辨的视频推动，"捉鬼"也开始依靠起了"高科技"设备。在国外的购物网站上，甚至有卖家为Kinect摄像头写下了这样的营销用语：作为超自然爱好者，我们团队中许多调查员一直在使用这个建模，并取得了很好的效果。

抓住这个素材点的还有诸多电影。2012年在北美上映的伪纪录电影《灵动：鬼影实录4》，以及2016年尼克·葛洛夫导演的美剧《灵异72小时》，都是在"捉鬼道具"上下足了功夫，层出不穷的新科技、新仪器，似乎都能和鬼怪沾点儿边，而剧中探测鬼怪用的设备自然也少不了Kinect摄像头。

揭秘 Kinect "捉鬼"真相

国外一家知名的超自然现象研究网站上有一篇名叫《Kinect背后真相》的文章写道：Kinect摄像头所拍摄的不存在的"火柴人"，其实是由软件程序设计的一种算法缺陷导致的。在2014年，生产商微软公司为升级更新设备，也及时推出了第二代Kinect摄像头（V2），微软设计师亚历克斯·基普曼和XBox营销总经理马修·莱普森也曾表示，微软在推出新产品V2的同时，将停止生产KinectV1摄像头。于是拿到了两台不同型号的玩家，就开始用V1摄像头和V2摄像头同时进行"捉鬼对比实验"，结果发现，那些在V1摄像头中出现的"火柴人"，在V2摄像头拍摄的画面下就消失了。

光线反射和软件故障成了怀疑论的主要观点，出版过《发布可靠软件的系统方法》一书的英国作者、计算机软件工程师兼安全分析师蒂姆·法利也是持怀疑论的其中一员，当他在面对游戏媒体的采访时，还针对此事件，说了一句很有程序员风格的话："异常有时仅仅就是一种异常，尤其是计算机技术。"的确，即便在触摸屏手机盛行的今天，无论电容屏幕的技术发展到了多么"高科技"的状态，有时你依然会打不准字，但这绝对不能解释为"一定是你的手指有问题"。至于 Kinect 摄像头能否"捉鬼"，想必也是同一道理。

对还存有争议的问题，直接去问问摄像头的生产商微软公司，不就解决了？游戏媒体的记者曾就此问题向微软公司发文，试图了解他们是如何看待 Kinect 摄像头被用于捉鬼这种目的的，而微软公司的回复是"拒绝发表任何评论"。

·摘自《读者》（校园版）2020 年第 7 期·

一亿年后的地球生物

海　生

20世纪80年代初，英国作家杜戈尔·迪克森出版了一部名为《人类灭绝之后：未来动物学》的小说。书中，他对数百万年后的生命提出了假想。在迪克森的想象中，鼯鼱会用尾巴当降落伞；猴子会飞；盘桓着的巨蛇能猛然出击，能够捉住半空中的鸟；飞马用胸口的尖刺，一下子将猎物刺穿；鸟和蝙蝠的脸上开放着鲜花，传粉的昆虫受到蛊惑，一头栽进它们饥不可耐的口中……

几十年后，迪克森表示这本书的初衷并非预测未来，而是想要探索自然界中的各种可能性。他认为，生物世界有着无穷的可能性，我们远远没有窥见其全貌。

生命的"荒诞剧"已然发生

尽管迪克森的书只是一部虚构的小说，但多数生物学家同样认为，数百万年以后，地球将会变成一个完全陌生的地方。

当然，在今天要去想象数百万年以后的生物会进化成什么样子是困难的——就像如今的世界由哺乳动物主宰，这在恐龙时代看来近乎天方夜谭。我们也不知道从长远角度来看，生物进化在多大程度上可以预测和复制。加之一些偶发的变量，比如大规模的火山爆发或者小行星撞击地球，会让原本可能的预测一下子变得几乎毫无可能。

但结合我们对地球生命和进化原理的理解，并不妨碍我们去猜测未来，比如说一亿年后的生物将有何发展。这些猜测或许会像迪克森在书中描写的那样，初看荒诞不经，但如果你回顾一下地球生命的历史，可能就不会斥之为荒诞了。

让我们把目光回溯到数亿年前，从我们这个星球上的早期生命谈起。在大约5.3亿年前的"寒武纪大爆发"之后，地球上开始兴起生物。早期的生物，像三叶虫、板足鲎、巨型鹦鹉螺等，倘若以孩子的眼光去看，咋看都像卡通片里的"怪物"。

不过，你很可能对它们已经见怪不怪、习以为常了，那么让我们再来看一个例子。

1977年，古生物学家在加拿大的伯吉斯页岩中，发掘出了一个神奇的动物群。一种名叫"怪诞虫"的动物，周身细长，躯体呈管状，浑身布满巨大的尖刺，有着棍子一样的钳状附器。古生物学家不得不承认，类似这样造型古怪的动物，他们只有在动画片中才见过。

所以，你看，我们所能想象到可能会发生的，已然在历史上某一时期，在地球的某个角落发生，进化成某些物种的一部分。同样，未来的世界进化出一些离奇怪异的生物也并不是不可能。那么，让我们基于一定的知识，大胆去猜想吧。

假如人类继续繁衍生息

要想预测未来的世界，首先，我们必须考虑一种曾对进化产生重大影响的因素，那就是：智人。

人类的活动已经对地球环境产生了深远的影响，怪不得我们这个世代被命名为"人类纪"。如果接下来的数百万年，人类的繁衍继续枝繁叶茂，我们将对未来的进化方向产生更显著的影响，自然选择也将孕育出新的物种，以适应被我们彻底改变或者可能污染了的自然环境。2001年，美国古生物学家彼得·沃德在《未来的进化》一书中写道："我们很有可能会看到，进化后的鸟类的喙专门用来从罐头中取食，老鼠可能会长出油质的皮毛，从而在有毒的废水中保护自己。"

沃德预测，新型物种可能会凸显一种"墙头草"的特质。也就是说，它们有着坚韧的生命力，适应性强，在周遭的人类世界中游刃有余。它们还能进一步对这种环境加以利用，就像家猫、老鼠、浣熊、土狼、乌鸦、鸽子、椋鸟、麻雀、苍蝇、跳蚤、蜱虫和肠道寄生虫。

受到人类活动的影响，在变暖、变干的地球上，淡水匮乏也有可能倒逼出新的适应性进化。我们可以想象，一些动物进化出奇特的器官来收集空气中的水分，体型较大的动物可能会进化出像扬起的船帆一样的器官或者皮瓣，在每天清晨舒展开来，吸收空气中的潮气——事实上，历史上棘龙就曾拥有这样的皮瓣。再比如某些蜥蜴那皱巴巴的"围脖"可能会变得非常大，大得惊人，也是为了汲水之用。

环境变热或许会使那些没有皮毛的哺乳动物和鸟类兴起。哺乳动物可能会蜕去几小块毛皮，用皮肤上的囊袋收集水分。在一个变暖的地球上，吸热（也就是体内自发产生热量）的动物应该会很不好过，所以鸟类在气候变暖后可能会失去廓羽以防止体温过高，而哺乳动物的大部分皮毛则可能会消失。

未来，人类还有可能会对其他生命进行直接操控。基因工程、生物技术以及人类文化的影响都可能对进化的方向彻底重置，导向完全不同的道路，比如携带基因驱动的蚊子，又比如机械授粉无人机。生命的进化会裹挟着人类自身的欲望和诉求。

假如人类灭绝

不过，未来的进化之路也有其他的可能。比如，我们的后代也许会决定重新恢复自然的野性，不再干预自然的进化，或者人类也有可能会灭绝。

那么，如果从现在起一亿年后人类灭绝了，世界会变得多么疯狂和复杂呢？我们会不会看到树木开始行走，或是开始用毒液或者沾了毒的"飞镖"杀死动物，然后开始享用？深海动物会不会发射出明亮的全息影像，用自己的影子瞒过捕食者，诱捕猎物或者吸引配偶呢？虎鲸和鲶鱼会不会重获过去祖先在陆地上奔跑的能力，以便在陆地上更高效地捕食？

所有这些奇幻的生物都是完全有可能出现的。其中很多想象在今天的自然界已经有其未来存在的基础。

一类生物是为了适应环境，主动改变其身体形态和习性。如生殖器长在腿上的海蜘蛛，有着艳丽的色彩、雄性在求偶时还会像孔雀一样开屏的孔雀蜘蛛，深海鱼在面前吊一只发光球来吸引猎物。我们还见识了捕蝇草这样的食肉植物。

另一类生物为了生存，干脆改变其栖息地。如一些虎鲸和鲶鱼可以为了猎食，一路追至海岸线附近；有些树木为了更加接近水源，已学会缓慢"行走"；有些鱼可以飞到空中，捕食昆虫甚至鸟类；有些鱼能够在陆地上行走，甚至会爬树；乌贼会时不时飞离海面，用喷射出的水柱作为推进力，用背鳍作为翅膀；借助由火山灰、岩石和微生物组成的黑色尘埃，在冰面上也可以形成小面积孤立的生命绿洲；甚至云朵中都发现了微生物。

归根结底，只有在极端环境下才会出现异常的进化，但这样的剧变，地球已经经历过太多次了，这种规律在未来依然不可避免。

就以鱼为例，深海中雄性鱼的潜在交配对象的数量已出现极度短缺，它们是如何应对的呢？当一只雄性鱼遇到一只雌性鱼，它会钻进雌性鱼的体内，和其融为一体。因为这只雄性鱼想要再次遇到一只雌性鱼几乎是不可能的了，于是它索性放弃等待，安于做雌性鱼体内的精子储存器。也就是说，未来我们可能会看到动物更多类似的行为。随着时间不断推移，当寻找配偶的难度不亚于大海捞针时，那么自然选择中最受青睐的将是那些能够自体受精的动物。

一个飞蟾蜍称霸的世界

所以，假如未来我们在从前从未被开发的栖息地中看到生物体，是不用奇怪的。比如，飘浮在半空中硕大而轻质的有毒真菌，就像一只浮在空中的水母，碰上它们的任何东西都会被紧紧缠绕，然后被吞噬不见。再比如，昆虫和蜘蛛可不可以在云端筑造丝巢，以空中光合作用形成的生物体为食？还有，假使植物或微生物进化出类似太阳能电池板的器官，来追踪和收集太阳光，那么生命的绿洲能不能在寒冷的冰川上焕发新的生机？

这种转变栖息地的潜力带来了一些尤为奇妙的潜在变化。沃德在《未来的进化》一书中大胆设想：假设有一只蟾蜍，它的喉道向外膨胀成一个大气囊，求偶时会发出特别的叫声。经过进化，这只蟾蜍可以从水中提取氢，然后储存在喉咙里，帮助它们完成跳跃动作，最终还能在低空飞行，于是进化成了一种新型浮游动物——"飞艇蛙"。蟾蜍的腿，再也不是用来走路，而是变成垂坠下来的触须，用于捕食，而它的体型也会随着进化不断变大，进而避免了被更大的动物吃掉的可能——最后它们可能比蓝鲸还要大。巨型的飞艇蛙会像水母漂浮在水中一样飘浮在天空中，拖着它们的触须四处搜捕猎物（比如说鹿），然后短暂地停留在树梢上吃叶子。后来它们的数量膨胀，遍布整片天空，目光所及之处都是它们飞来飞去的身影，称霸了这个世界——一个飞蟾蜍时代开始了。

这当然是一个虚构出来的故事，但也有几分现实的成分。想想最早的飞行生物和最早的水下生物，突破性的发展帮助它们接管了一个此前从未有机会涉足的新栖息地，于是，后来我们知道又有许多生物在它们的基础上迅速进化而成。

由于我们对进化和遗传学的理解还远远不够，而且很多事情在很大程度上取决于一些偶发事件，因而没有人能够确切地描绘出未来的面貌。各种各样的可能性纷繁复杂、飘忽无常——生命从各个层面上来说都太自由了。生命可以有太多不同的选择。

不过，如果说今天世界的怪异可以带给我们某种启示，那就是：我们不应该低估未来进化走向一条真正令人大跌眼镜的道路的可能性。直至今日，大自然创造力和多样性的很多侧面还没有被我们窥见呢。

人类起源于一条鱼

李方恩

2019 年 10 月 26 日，有着中国"搞笑诺贝尔奖"之称的菠萝科学奖颁奖大会在浙江温州举行。该奖项秉承着"向好奇心致敬"的一贯做法，以"有想象力、有趣、能引人思考"为标准，为多个有趣但非常严谨的科学成果颁奖。本届的特别奖——菠萝 U 奖颁给了一项古生物学的成就——澄江古生物化石研究。该项研究的宣传语是："澄江小虫虫，你的小祖宗"。

澄江古生物化石在业内大名鼎鼎，位于中国云南澄江帽天山附近，距今约 5.3 亿年，是世界范围内保存非常完好的寒武纪古生物化石群，共有 16 个门类 200 多个古生物化石。科学家在其中发现了大量奇特且完整的古生物，这一发现为地球生命的"寒武纪大爆发"提供了有力的证据。

在这些"小虫虫"中，最为人们所知的是昆明鱼化石，它的发现者是中国科学院院士、古生物学家舒德干。昆明鱼是目前发现的最早产生脊索的动物。有了脊索，接下来动物就可以进化出脊椎，而脊椎对动物来说意义非凡。脊索对昆明鱼的意义在于：首先，有了脊索，昆明鱼在5.3亿年前寒武纪的海洋中就可以拥有更多生存的机会，昆明鱼体内的肌肉就能以它为基础呈"之"字形排列，从而让其游得更快；其次，有了脊索，昆明鱼便可以进化出一件特殊的"武器"——颌，这个武器对进食和防卫来说非常重要。

有了脊索和以此为基础进化而来的脊椎，动物就可以进化出头骨和颅骨。有了颅骨的保护，感觉细胞和神经中枢才能安全地进化。最终，颅骨里面的神经细胞越来越多，形成神经节，众多的神经节最后发展成为一个终极成品——大脑。

在了解昆明鱼的情况之后，有的科学家称昆明鱼是当今人类的祖先。这是怎么回事呢？从生物学的系统来看，人的位置是这样的：动物界—脊索动物门—脊椎动物亚门—哺乳纲—真兽亚纲—灵长目—类人猿亚目—人科—人亚科—人属。也就是说，所有的脊椎动物都从属于脊索动物门。从目前的考古发掘来看，脊索动物是由昆明鱼进化而来的，所以我们不得不支持这个貌似非常荒谬的结论：人是由昆明鱼进化而来的。其实，这种说法是有科学道理的。众所周知，人类胚胎早期有一个阶段的形态和鱼非常相似，并且还有鳃裂。19世纪20年代，德国的解剖学家马丁·拉斯科发现，在鸟类和哺乳类动物的早期胚胎中都曾经出现过鳃裂。所以，人类起源于一条鱼并不是胡说八道，而是符合"因为所以，科学道理"的逻辑。

值得一提的是，目前的动物界有一种动物和昆明鱼非常接近，那就是文昌鱼。脊索动物门中除脊椎动物亚门外，还有尾索动物亚门和头索动物亚门。头索动物亚门中只有一种动物，那就是文昌鱼。文昌鱼的大部分特征像无脊椎动物，只是它的背部有脊索。与其他门的动物不一样，文昌鱼一直没有进化，始终在"原地踏步"，这也使得它成了生物进化史中的"活化石"。

在了解了"小虫虫"的前世今生，尤其是昆明鱼的情况后，你去澄江县看到"澄江小虫虫，你的小祖宗"这条标语，一定不会感到不明所以，而是会忍俊不禁。

·摘自《读者》（校园版）2020 年第 8 期·

熊可以冬眠，人为什么不行

苏澄宇

熊是一种典型的冬眠动物。对熊来说，一年主要分为三个季节：春至秋是享乐季节；秋至冬是大吃特吃季节；冬至春是睡觉季节，因为这段时期绵延了整个冬天，所以又被称为"冬眠期"。

熊：我冬眠就不需要大小便，你行吗？

熊在冬眠期间，新陈代谢速度会变慢，它们的体温会降至1~9摄氏度。所有身体机能都会大幅减退：呼吸变弱，心跳变慢，对外界刺激的敏感度也会下降。除此之外，还有一个很重要的特征，那就是在这段时间内，它们不需要大小便。

大小便可以排出含氮化合物。含氮化合物不能正常排出，熊的血液中非蛋白含氮量会急剧上升。但奇怪的是，这并不会损害熊的肾脏或肝脏。要知道，如果人类血液中非蛋白含氮量超出正常值，就会出现一系列的健康问题。人体中血液的正常含氮量为 0.2 毫克 / 毫升 ~0.25 毫克 / 毫升（全血），其中尿素所含的氮最多，若超出这个值，说明你的肾可能出问题了。血液中非蛋白含氮量的测定是临床上判断肾功能的一项重要指标，当肾功能衰竭的时候，血液中的非蛋白含氮化合物就会升高。这也是为什么人类不能冬眠的原因之一，因为代谢速率过慢，会导致体内的有害物质堆积过多。

熊：我胖我健康，你行吗？

熊还有一个神奇的本事。在冬眠开始前，它们会大吃特吃，吃成一个大胖子。美国阿拉斯加州卡特迈国家公园和自然保护区甚至还为熊举办了"胖熊周"活动，看看哪头熊吃得最多，全世界的网友都可以参加投票。2019 年的冠军是 435 号 Holly，它是一个"妹纸"（雌性）。

人类如果想冬眠，也得靠大吃大喝来囤积脂肪。但人要吃成这样的大胖子，就要出大事了。因为人类的体重如果大幅增加，脂肪、肝脏以及肌肉组织细胞对胰岛素的敏感度便会降低，胰岛素水平进而升高。胰岛素增加，反过来又会阻止脂肪细胞的分解，从而形成恶性循环，最终发展为胰岛素抵抗。胰岛素抵抗引起的血浆中高胰岛素和高糖含量，则可能会导致代谢综合征、痛风和 2 型糖尿病。

在这点上，熊真的很让人"羡慕、嫉妒、恨"。科学家曾观察过熊在冬眠前、冬眠中和冬眠后的血糖水平、胰岛素水平、体重以及其他代谢指标。结果发现，它们增重超过 45 千克后，其细胞依然对胰岛素很敏感，血糖和胰岛素水平也保持着稳定。虽然在冬眠开始后，熊会经历暂时的、季节性的胰岛素抵抗期，但当春天来临，一切又会恢复正常。

所以每年春天，从冬眠中醒来的熊都不会因为冬眠而出现健康问题，尽管刚醒来时它们会有点昏昏沉沉的，但整体来说还是健康的。简单来说，它们在冬眠的前期和中期虽然是胖子，却是健康的胖子。熊在春天冬眠醒来后，全身的脂肪差不多消耗没了，但只是看起来瘦了些，肌肉含量基本没有变化，经过一番大吃大喝，就能恢复正常体态了。

然而，如果一个人在床上躺得太久，就会出现肌肉萎缩的问题。如果一个人一直躺着不动，肌肉量会以每周 10%~15% 的速度减少。当然这种减少不会一直持续，直到和人一天摄取的能量"收支持平"以后，就会停止。

为何熊冬眠不出毛病？

全靠基因。

为什么熊冬眠这么久也不会有毛病呢？

美国华盛顿州立大学的一组研究人员 2019 年 9 月在《通信生物学》杂志上发表了一篇研究报告，解释了冬眠中的灰熊的细胞发生了什么变化。

研究发现，冬眠对每个组织的细胞影响都是不同的。其中，熊的脂肪组织的基因表达差异性在冬眠期间最大，而肌肉组织几乎没有变化。他们还发现，即便是同一只熊的脂肪细胞，在一年的不同时间段，脂肪细胞中的大部分基因也会改变它们的表达水平。换言之，如果我们想通过基因编辑来获得类似熊的冬眠能力，也是一件很难的事。因为这不是修改一两个基因就可以搞定的。

正是这些基因，在熊的冬眠过程中，表现出与胰岛素信号传导、肌肉蛋白降解和尿素生成的相关功能的基因表达量减少，而与肌肉蛋白合成相关的基因表达量增加。这也就解释了为什么灰熊在冬眠期间能保持肝脏和肾脏的健康，并且肌肉还能不萎缩。

　　未来人类也许会需要"冬眠"，比如星际旅行什么的，但现阶段想要完美地控制人体细胞的新陈代谢，保持相对健康的水平，还是一件很难的事。

·摘自《读者》（校园版）2020 年第 10 期·

人真的可以徒手接住子弹吗

曾　钦

在许多动作大片中，总少不了枪战的场景。我们都知道，子弹被射出后，时速非常快，如果站在地面上射击，子弹会以正常的速度飞出。可是，电影里为了拍出惊心动魄的效果，枪战地点往往是在高速行驶的交通工具上。那么，如果在一列高速行驶的火车上射击，子弹还会以正常的速度飞出吗？

首先，我们来聊聊"相对速度"，它指的是以非地面参照系为参照物所测量的速度。举个例子，假设一辆火车以 1000 千米 / 小时的速度匀速行驶，枪手在火车上开枪，子弹相对枪手的速度是 1000 千米 / 小时，则火车和枪手的相对速度为零，因为枪手相对火车是静止的，但子弹相对地面的速度是怎样呢？

这得分两种情况：如果枪手朝前开枪，地面上的人看到的子弹速度将飙升至 2000 千米／小时；如果枪手朝后开枪，地面上的人看到的子弹速度将降为 0！这意味着地面上的人会看到子弹垂直下落。

当然这是在理想条件下。然而，现实中我们还有许多外力因素需要考虑，例如空气阻力、子弹和枪膛产生的摩擦等。子弹在飞出枪膛前，需要一定的时间才能加速到 1000 千米／小时，所以，考虑到实际的外力因素，子弹并不会刚射出就落下。此外，子弹射出后还会旋转，加上空气阻力的影响，它并不能完美地直线飞出，再垂直下落。尽管有种种现实条件的影响，但总的来说，子弹相对地面上的人的速度已经大大地降低，对人的威胁已经极大地减轻，所以地面上的人徒手去接子弹应该是不会有问题的。

同样的情况还有很多。譬如子弹以 1000 千米／小时的速度朝前飞，在子弹射出去的同一时刻，一个人搭上 1000 千米／小时速度的飞机与之并行飞去，那么在飞机的飞行过程中，子弹相对飞机的速度为零，这个人只要把手伸到窗外，就能把子弹抓住，跟抓住一粒放在桌上的子弹一样容易。

·摘自《读者》（校园版）2020 年第 10 期·

拥有一双超能力眼是什么体验

新 粤

我们看到的不是全部

我们看到的光其实是物体辐射出来的电磁波，电磁波的波长范围是0.001 纳米至 3000 米，而人眼能看到的电磁波波长范围只是 380 纳米至780 纳米。举个例子，如果我们把最长的电磁波波长放大到月球至地球的距离，那人类的可见光的波长范围只有 5 厘米至 10 厘米，只是极小的一段。这段电磁波通过人眼转换信号，我们就看到了七彩的世界，可是其他的动物看到的光跟我们看到的不一样，它们看到的世界也跟我们看到的不同。

蜜蜂和人类一样，对三种颜色的光线敏感，不过它们的光学三原色不是红色、绿色和蓝色，而是黄色、蓝色和紫色，它们能看到波长比可见光更短的电磁波。蜜蜂能看见紫外线的能力使得它们能够通过辨认花瓣上的图案找到花蜜。蜜蜂的复眼里有成千上万个晶状体，每一个晶状体都会产生一个"像素"，再加上它们能看到紫外线的能力，花瓣在它们眼里是闪闪发光的。不过即便如此，蜜蜂眼睛产生的像素还是不足以使它们将物体看清楚，它们眼中的世界是非常模糊的。

响尾蛇具有昼伏夜出的习性，它们的眼睛也与此相适应，它们白天看不清色彩，到了晚上却能看清楚快速逃跑的老鼠，这是因为它们能辨别红外线，即能看到波长比可见光更长的电磁波。响尾蛇拥有特殊的感知工具，叫作"窝器"——一对小孔，分别位于其眼睛与鼻孔之间的口鼻部的两边。窝器可以感应物体的温度和辐射出来的红外线，再将感应到的红外线转化为神经信号。因为老鼠不同温度的部位辐射出的红外线波长不同，所以响尾蛇才能在黑暗中看到一只只"五彩斑斓"的老鼠。

乌贼只具有两种感光器，一种使它们眼中的世界呈现灰色，另外一种感光器感应的是偏振光。平时我们接收的自然光会从四面八方射来，而偏振光指的是其中一束束传播方向确定的光线，人类只有带上偏振光眼镜，过滤掉其他方向传播的光线才能看清。看 3D 电影时戴的专用眼镜就是看偏振光的，左眼和右眼接收的偏振光方向恰好垂直，这样左眼和右眼就会分别接收到不同的图像，使画面产生强烈的立体感。乌贼不需要戴专用眼镜就能看清偏振光，它们与其他乌贼交流时会在体表产生偏振光图案，这些图案别的动物是看不到的，它们是乌贼独有的交流方式。

狗能够分辨深浅不同的蓝色、靛色和紫色，虽然识别色彩的能力比不上人类，但是它们对移动的物体具有特别的侦察能力。猫能看到的颜色比较少，分不清红色的东西，但是，猫在晚上可以比人类看得更清楚。

如果我们能看到全部

如果以能看到电磁波的范围大小来作为眼睛视物能力强弱的一个指标的话，有的动物的视物能力比人类的强，有的则弱于人类。但其实所有的动物现在拥有的眼睛都是最好的，因为它们能看到的这一部分电磁波就是对生存最有用的。如果它们能看到全部的电磁波可不是一件好事，也是不可能的，因为不同波长的电磁波所携带的能量不一样。对人类来说，电磁波的波长越短，能量越高，就会对人有伤害，即使是紫外线，长时间照射也会对人产生伤害，更不要说 X 射线及能量更高的 γ 射线了，所以我们的眼睛受不了。相反，电磁波的波长越长，能量越低，无法刺激人眼中的视觉细胞，所以人眼看不到，只有特殊的仪器能测到。

如果我们想要看到更多的电磁波还要保证其清晰度的话，除了需要一双非常大的眼睛，还需要一个大脑袋，因为只有大眼睛才能保证有足够多的像素去处理接收到的电磁波。大脑袋则可以储存转换的光信号并做出分析，也许这就是人们想象未来人类会拥有大眼睛、大脑袋的原因。

如果我们除了现在能看见的可见光，还能看见物体辐射的红外线、太阳射出来的紫外线、遍布整个世界的 Wi-Fi 信号，那么，宇宙将不再是一片漆黑，其中充满了各种高能射线。所有有温度的物体，都会发出红外线，温度越高，红外线越亮，我们可以一眼看出物体的温度。也许我们会这样交流："小心烫，你看它'颜色'那么深！""今天冻死我了，冻得我都没色儿了。"而能看到紫外线，我们就不再需要验钞机验钞，还可以在走路时避开有紫外线辐射的地方。

可惜这一切只是美好的想象，事实是，如果我们能看到所有的电磁波，我们的眼睛只会被"亮瞎"！

其实我们现在所拥有的眼睛就是最适合的，毕竟这是千万年来我们适应自然的结果。不过人类总是希望自己能获得更多，科学家就在研究如何让人眼看到红外线。

如果我们拥有慧眼

如果我们能够拥有可以看见红外线的慧眼，那该多好啊！现在，科学家已经开始朝这个方向努力了。

我们已经知道，能在黑暗中视物是视杆细胞的功劳，视杆细胞中的感光色素就是维生素 A。于是美国的科学家想到了一种反其道而行之的方法，他们不吃维生素 A1，只吃维生素 A2，因为他们认为维生素 A2 比起维生素 A1 更能提高视细胞能够吸收的波长，将可见光的范围扩展到红外线的部分。参加实验的人将一定剂量的维生素 A2 与营养粉混合在一起，全天就喝用这种粉冲泡的水，以确保他们没有摄入任何维生素 A1，这样坚持了 25 天，最后结果显示，他们的眼睛真的对波长 950 纳米的红外线有反应。

这个实验虽然确实取得了成果，但是也有极大的风险，因为人体缺乏维生素 A1 会造成夜盲症，而且这种影响可能是不可逆的。中国的科学家找到了一种更安全的方法。

对于人类的眼睛来说，红外线的能量比较弱，无法激发眼内的感受器产生信号。为了使人类的眼睛能感受到红外线，科学家需要找到一种材料来提高红外线的能量，稀土纳米颗粒是他们目前找到的最适宜的材料。

科学家使用了铒和镱这两种稀土元素制成纳米颗粒。在这个组合中，镱原子负责吸收红外线，红外线的能量会使镱原子内部的电子和光子不断碰撞，产生一种源源不绝的波浪般高低起伏的能量波，这种能量传递给附近的铒原子。铒原子具有强大的牵引力，可以汇集更多的能量，然后以高能量的绿色的可见光光子的形式释放出来，释放出的光子被眼内的感受器捕捉到，就可以使人看到绿光。

为了证实这个理论，他们在小鼠身上进行了实验，小鼠的眼睛和人类的眼睛相似，它们只能感应波长为 400 纳米至 700 纳米的光，看不到红外线。当科学家将纳米颗粒注射进小鼠的眼部，再用红外线照射改造后的眼睛时，发现小鼠们的眼睛对红外线产生了缩瞳反应！科学家还用红线来指引小鼠们在水池中找浮板，有改造眼的小鼠对红外线有反应，能顺利找到隐藏的浮板，没有接受纳米颗粒注射的小鼠只是在水池中漫无目的地乱扑腾。

这个实验在小鼠身上取得了成功，但是要实施在人类身上还需要更多的研究，因为它的安全性和有效性还需要时间来检验。不过用稀土纳米材料做成可视红外线的眼镜也许会是很好的选择。

红外线可以穿透人体到达可见光无法深入的地方并产生治疗效应，还可以被用来研究光是如何与我们体内的器官发生相互作用的。如果医生能够拥有可以看清红外线的慧眼，那么对于病人而言不失为一个好消息。

·摘自《读者》（校园版）2020 年第 11 期·

鼻孔为什么有两个

【日】坂井建雄

韩　静　编译

很多人都认为左右鼻孔是同时呼气吸气的，但实际上，鼻孔是交互进行呼吸的。

当身体不需要太多氧气的时候，一侧的鼻甲（鼻子里黏膜覆盖的褶子）膨胀（充血），以阻塞空气通过。这样，就可以让另一侧的鼻孔休息，提高呼吸的效率。也就是说，此时鼻子进入了节能模式。另外，这也意味着让敏感的嗅觉休息。左右交换的时间周期因人而异，一般在一小时至两小时。

嗅觉是动物保护自身免遭危险的重要感觉。动物的嗅觉非常灵敏。但是人类由于文明的生活方式，嗅觉逐渐退化。即便如此，在生活中嗅觉还是扮演着重要角色。

能感受到气味的，是鼻腔最上面的如一张邮票大小的嗅觉器，这里有嗅黏膜。其中的"嗅球"能够感知气味。

鼻塞的时候闻不到气味，是因为鼻塞时人们会无意识地用嘴进行呼吸。空气的流动改变，无法到达"嗅球"。嗅觉是非常敏感的，也容易疲劳，所以最初人们能闻到味道，过一会儿就变得迟钝，什么也闻不到了，就算是煤气味儿也感觉不到，由于嗅觉的钝感，就有可能会发生煤气中毒。

·摘自《读者》（校园版）2020 年第 11 期·

我们祖先的大脚趾

何 帆

大约 600 万年前，地球开始变冷。东非原本是郁郁葱葱的丛林，却慢慢退化成了沙漠。大部分猿类向西撤退，躲进剩余的丛林，唯有一支猿类似乎陷入了困境：它们走进了东非大裂谷东侧的干旱平原。这一支猿类就是我们人类的祖先。

大约 500 万年前，生活在莽原上的猿类逐渐学会了挺直身体。人类的进化在这里和其他物种分道扬镳。把人猿和大猩猩、黑猩猩区分开的第一个特征，就是我们祖先的大脚趾。大猩猩和黑猩猩的大脚趾和其他脚趾离得很远，好像晚宴上一个落落寡合的宾客。人猿的大脚趾却慢慢地和其他脚趾靠拢。这种圆瘤一样的大脚趾，能够支撑身体 40% 的重量。大猩猩和黑猩猩偶尔也能直立行走，但它们走起来摇摇晃晃，人类却可以矫健地奔跑。其他灵长类动物或许能够毫不费力地在林间摆荡，却不能像体操运动员或舞蹈家那样做出各种优雅灵巧的跳跃、旋转等动作。

那些喜欢跑步的人是对的。跑步，尤其是长跑，是人类的长项。猎豹比我们跑得快，骏马能高速疾驰很久，但没有动物能持续地比我们跑得更远。人类天生就是长跑能手。墨西哥北部一个印第安人部落在猎鹿的时候，猎人会连续追捕好几天，跟在鹿的后面跑，最后生生地把鹿累垮，有时蹄子也严重磨损。

当人猿直立行走之后，脊柱从挺直变为弯曲的S形，骨盆和臀部的关节结构也出现了变化。大猩猩和黑猩猩的骨盆好像鞋拔，垂直上下；人猿的骨盆则慢慢摊开，变得更短。这又带来一个更大的变化：人类和其他物种的生育差异越来越大。因为人猿的骨盆结构重新调整了，所以产道变得更曲折狭窄。在进化的过程中，人类的脑容量逐渐扩大，头部越来越大。当婴儿出生的时候，必须在产道中转身，从面朝前方转为面朝侧面，以便挤过缩窄的产道。这极大地增加了生产的难度，难怪人类在分娩的时候需要得到其他人的帮助，才能顺利生产。

如果人类的孩子等到完全发育成熟才出生，就像大猩猩或黑猩猩的宝宝一样，那么，人类的孕期就不再是9个月，而是21个月。这意味着我们都"早产"了整整一年。观察幼年的黑猩猩和成年的黑猩猩会发现，我们人类跟幼年的黑猩猩更像。解剖学家路易斯·博尔克称之为"幼态延续理论"：我们是能够长到性成熟的灵长类胎儿。多数哺乳动物在诞生的时候就已经具备了生存能力。小羚羊出生没几分钟就能起身跟随群体奔跑。人类的孩子在离开子宫之后，还要经历漫长的成长和发育过程，但有弊必有利，我们也成了地球上学习能力最强的生物。

在我们的祖先学会直立行走之后，他们的颈部就开始慢慢伸直、拉长。

头部逐渐定位于双肩和躯干中央的正上方，舌头和喉头沉降到喉咙更深的位置，最后，我们还进化出了一种造型古怪的新式腔室：咽。没有咽，我们就无法说话，但咽喉的构造是一个极其糟糕的设计。其他灵长类动物都是两条通道：一条气管从鼻子直接通往肺脏，另一条管道从口腔连通胃部。两条管道各走各的路，井水不犯河水。唯独人类的这两条管道在咽喉处交会，共用一条通道。这就带来一个很麻烦的问题：从嘴巴进入的食物和水，在从气管的孔口上方经过的时候，很可能会进入肺部。呛噎是人类意外死亡的重要原因之一，发生这种情况，往往是在人们边吃边说话的时候。

在咽喉进化出来之前，人猿就已经有了彼此交流的方式。面部表情、手势都是必不可少的。人猿之间也会彼此意会，心有灵犀。生物学家在研究猕猴的时候发现，当猴子捡起一颗花生放进嘴里时，连接猴子脑部的感测器显示，猕猴脑中的 F5 区神经元会放电；当研究人员拿起一颗花生放进嘴里时，猴子脑中的 F5 区神经元同样也会放电。这似乎说明，猴子"心中有眼"，看到研究人员做一件事，自己在脑海中也会想象自己正在做同样的事情。一对原始人父子坐在火堆旁边，父亲拿起燧石敲打岩块，制作一把手斧，儿子在旁边默默地看，许多信息在他们的脑海之间往返传递，他们其实已经在"交谈"了。

研究黑猩猩的动物学家珍妮·古道尔曾经观察到，两只黑猩猩久别重逢，高兴得又叫又抱，手舞足蹈，然后，它们依偎在一起，互相梳理毛发，凝神抓虱子。据说，英文中的"chat（闲聊）"一词，就来源于猴子互相捉虱子后用牙齿咬死并吐掉虱子的声音。一旦我们学会了发音吐字，我们就开始迫不及待地与同伴交谈。这是因为人类是群居动物，我们天生就有与人沟通的强烈欲望。牛津大学进化人类学家罗宾·邓巴相信，正是为了处理在群体中的复杂人际关系，我们的语言功能才有了飞跃。邓巴的研究发现，当一群人都是男人的时候，他们的话相对较少，但有女人参与讨论之后，男人的话就多起来。团体里比较年轻的男子，在谈论自己时所花的时间可达整体谈话时间的 2/3。人类在学会语言之后，经常吹牛和撒谎。

如果说语言的起源神秘莫测，那么笑和哭就更不好理解了。发笑没有什么明显、实用的目的。我们之所以发笑，大部分时候不是因为听到了好笑的话，至少不是王尔德式的笑话。我们在聆听的时候，会更加严肃，但一开口说话，就不由自主地自说自笑。这或许意味着，笑的主要功能是迎合其他伙伴，营造宽松和谐的交际氛围。别的动物会哀鸣、号叫，但很少有动物会哭泣流泪。我们的泪水本来是为了滋润眼睛，这种润滑剂产量很少。我们在悲伤的时候大滴大滴地掉眼泪，真是暴殄天物。一种解释是，正是因为眼泪是珍稀的，所以才能显示出我们是真的伤心了。好比你必须以昂贵的价格，买一颗大大的钻石，才能表示你的爱是真心的。越是浪费，越是有用。

人类的进化犹如一个神秘花园中的交叉小径，从一个分叉拐到另一个分叉。我们仿佛置身在迷宫之中，有时候看似迷了路，拐个弯又柳暗花明。很多进化乍看是失败的，或至少是笨拙的，但事后再看，这些似乎出自蹩脚工程师之手的进化，在无意之中触发了复杂的连锁反应。这正是进化的奇妙之处，历史是不需要精心设计的，造物之巧，犹如精妙无比的钟表，但制造出这只钟表的，是一个"盲眼的钟表匠"。

·摘自《读者》（校园版）2020 年第 11 期·

人类曾经拥有的四种"超能力"

彤 子

小时候，我最痛恨的游戏是捉迷藏，因为听得到声音，却抓不到人。长大了最讨厌别人遥远的一声呼唤，麻烦您持续发声，不然在下真不知道您在哪里……

澄清一个问题：我的听力没问题，只是找不到声音的来源，听力好和听声辨位是两码事。

神奇的听声辨位

在武侠剧中，武林高手都能眼观六路、耳听八方。

如果头不动，你能瞬间精准判断出远处的声源位置吗？我们长两只耳朵可不是为了方便戴眼镜，两只耳朵能感受音量差、时间差和音色差，从而辨别声音方位。

我们寻找声源时，需要拢着耳朵四处探听，而动物们只需动一动耳朵，就能瞬间找到声音来源。远古时期，在复杂恶劣的生存环境中，一双灵动的耳朵才是耳听八方的关键。但是，人的耳朵怎么不能动？

我们的祖先，也曾拥有灵活的耳朵。使耳朵动起来的肌肉一共有三块，统称"动耳肌"。现在人人都有，只是肌无力而已……

有些人至今都能使耳朵动起来，然而大部分人的耳朵是不能动的。我们也不需要羡慕前者，他们那叫返祖现象，不会动的耳朵才是"进化体"。

"动耳肌"无力没什么可担心的，动或者不动，它都在那里，有的肌肉在人体中悄悄消失，才让人忧心。

消失的飞檐走壁

在古装剧中，很多武林高手都会轻功。其实作为灵长类动物，会轻功这种事根本就是小意思。

但是我们现在为啥就不会了呢？常年养尊处优，浑身的肌肉都在退化，甚至有些肌肉在部分人群中完全退化了。

掌长肌是人类上臂至关重要的组织，在悬挂、攀岩时能起到关键作用。有研究表明，当代中国女性掌长肌的使用频率，是上臂肌肉中最高的。男性上臂肌肉中，掌长肌是使用频率第二高的肌肉组织。

即便如此，在不同种族的人群中，掌长肌缺失的报告比例也有百分之几到百分之二十几不等。

常年不用的肌肉，身体以为你真的不想要了……别沮丧，那些肌肉只在一部分人中消失，而有些"超能力"，现在几乎人人都没有了。

永别的皮毛强化

很多常见动物都具备一个技能——炸毛（皮毛强化），这是一种瞬间使体积增大的"超能力"。都说一口吃不成胖子，炸毛却能一秒显壮。

南宋时期的抗金将领岳飞就有这种"超能力"，因为他在《满江红》里写道："怒发冲冠，凭栏处、潇潇雨歇。"

虽不知金军难不难打，但面对一位头发能瞬间立起，并顶掉冠的将领，谁都会腿软。

人类的祖先也曾拥有这种"超能力"，那时候日子苦，御寒全靠炸毛，保暖效果棒棒的。我们的立毛肌依旧发达，只是伴随着人类文明的进步，大家开始用衣服御寒保暖，所以毛越来越少（尤其亚洲人），没得炸了。

现代人受到惊吓，竖起的那稀疏、细软、短小的小汗毛，体积膨胀感几乎为零，但密密麻麻的鸡皮疙瘩，对患有密集恐惧症的敌人还是有威慑力的。

感觉自己越来越弱？真正值得惋惜的还在后面。

失灵的第二个"鼻子"

我们的鼻腔中有个神秘的器官叫作"犁鼻器"，但是它已经高度退化，丧失了它的重要功能——接收费洛蒙。

费洛蒙，又称信息素、外激素，是动物身体分泌出来且具有挥发性的化学物质，具有传递信息的功能。通过犁鼻器接收费洛蒙信息，可使动物产生行为或生理上的变化。几乎所有的动物都被证明有费洛蒙的存在。

费洛蒙作为一种传递信息的化学分子，人人都有，个个不同。它并非是体味，而是一种具有信息传递功能的神秘化学物质。人类利用警犬、军犬追踪犯人，吸引狗的线索并非是狭义的人类体味，而是个人信息丰富的费洛蒙。

费洛蒙的信息传递功能比气味高级多了，甚至与爱情和性有关。

据传，拿破仑的犁鼻器很灵。他对情妇约瑟芬爱得炽热，就是因为他能接收到约瑟芬身上的费洛蒙，并被深深吸引。

所以拿破仑每次出征归来，都会提前半个月给约瑟芬写信，叮嘱她："别洗澡。"只有拿破仑迷恋约瑟芬的体味？约瑟芬回信："你也是。"

中国古代很多著名的美女也拥有迷人的体味，比如西施、郑旦、杨贵妃等。都说"气味相投"，让人觉得合得来、被吸引，并非只是嗅觉那么简单。

1703 年，荷兰的医生在一个伤兵脸上发现了犁鼻器，但最新的微创解剖研究发现，人类的犁鼻器根本没有其他动物所具备的强大功能。

犁鼻器并不是单纯的求偶利器。蛇可以用犁鼻器捕猎，猎物在空气中留下的信号，对于蛇而言是飘浮在空气中的小浮标，跟着它们，蛇可以轻松追踪自己锁定的猎物。狗可以通过犁鼻器分辨出同类的性别、身份、健康状况、饮食结构等信息。一旦进入其他狗的地盘，敏感的狗就会开始紧张，它会担心"地主狗"忽然冲出来，而且狗会闻出对方的高强"武力值"。

丧失了那么多"超能力"，人类是怎么征服世界的？我们的智力一直在进化，这才是最强的"超能力"。

现在，我们还拥有其他动物都没有的新高端"器官"，它智能、小巧、便捷，是我们看世界的新窗口，完爆老版"超能力"。有了它，隔着地球都能谈笑风生，摇一摇就能求偶，按几下即可求救，"共享实时位置"即可完成追踪，还能呼叫分身帮你订外卖。

没错！就是你的手机，它简直是我们的外置大脑，速度快，内存大，任何资讯都可以"信手拈来"。以前得花几天时间背的知识点，手机几秒钟就能一字不差地呈现出来，完全不需要费脑子背东西了……

但是，长此以往，我们的大脑会不会也变弱？细思极恐……

·摘自《读者》（校园版）2020 年第 12 期·

中国古代的武将为何膀大腰圆，而没有八块腹肌

啸西风

　　在现代社会，无论是喜欢健身的壮汉猛男，还是欧美影视作品里的动作明星，大多是肩宽腰细、拥有八块腹肌的肌肉男；而在我国古代的雕塑和绘画中，武将们却大多脸圆腰粗，挺着将军肚。我国古代形容猛男的成语，也都是"膀大腰圆""虎背熊腰"之类的词，一再强调腰要粗。为什么我国古代武将的形象都没有八块腹肌，反而有着大肚腩？为什么有大肚腩还能当将军呢？

　　我们先看现代搏击运动员。他们大多胸围较腰围粗许多，产生这一现象的主要原因是，现代搏击是称体重进行比赛的。为了保证公平，比赛分了很多量级，而搏击运动员在赛前都会突击减肥，参加比自身体重低一个甚至两个量级的比赛。大家在临近比赛时都拼命减肥，所以我们

看到的大部分搏击运动员呈现的自然是拥有八块腹肌没有赘肉的形象。我们再把目光移向体重不设上限的重量级搏击选手，他们基本没有八块腹肌，腰部全都有赘肉。比如 UFC 著名选手、外号"大肚佛"的罗伊·尼尔森，他的体形就是很标准的中国古代武将膀大腰圆的形象。

这是为什么呢？因为脂肪能缓冲受到的打击，可以有效吸收动能。在穿盔甲、有护具以及钝器击打力量不是很足的情况下，有脂肪保护甚至都不会受伤。有脂肪保护，即便面对利刃，也可能不会导致利刃直接切断肌肉与筋骨，造成残疾。所以脂肪能增加生存概率，中国古代的武将在负伤后，具有更高的存活率。

对人类力量起到至关重要作用的力量肌肉群被称作核心肌肉群，指的是位于腹部前后，环绕着身躯，负责保护脊椎稳定的这一部分重要肌肉群。在中医理论中，脐下就是丹田穴位，被视为非常重要的部位，这与现代医学理论上的核心肌肉群在一定程度上不谋而合。脂肪主要集中在腰腹部位，因为具有支撑和缓冲的作用，所以能够带来保护肌肉和辅助发力的效果。因此，世界大力士比赛上的那些大力士，都是标准的膀大腰圆的形象。

脂肪带来的体重增加，在战斗中并不是坏事。中国从春秋战国时期就有关于摔跤的记载，摔跤也一直是军中盛行的运动。在身穿重甲的情况下，可能你拿刀根本砍不动对手，但是近身摔倒对方，然后捅刺甲缝是非常有效的战斗手段。在这一点上，脂肪带来的体重可以有效让对手难以摔倒自己，瘦小的人反而会被猛将抓起来当武器抡砸。比如典韦，在战死前就夹起两名敌军士兵，当场击杀。

所以，要善待你们的脂肪与肥肉啊！

少年，想学瞬间移动吗

兔 先

很遗憾，我们学不会瞬间移动。爱因斯坦告诉我们，光速是宇宙中最快的速度，任何物体的移动速度都不可能超过光速。那么想要通过不断加速来完成瞬间移动，就变成了不可能的任务，尤其是在宇宙尺度上。比如离我们最近的恒星是比邻星，它和地球的距离是 4.2 光年，如果想要开启一段前往比邻星的星际旅行，以人类现有的飞行器"旅行者 1 号"的速度，这趟旅程将持续几万年，这个时间甚至比整个人类文明的历史还长。要知道，在数万年前，我们的祖先才刚刚学会使用石器。而如果用宇宙中最快的速度——光速，也需要 4.2 年的时间才能到达，这离一眨眼的时间差得实在太多了。

不过，瞬间移动这件事情可难不倒科幻作家。在很多科幻作品中，都有超光速航行的技术。科幻作品中的人物乘坐宇宙飞船，可以在一瞬间抵达几百甚至几万光年外的星球。为什么这些宇宙飞船可以无视光速极限，实现瞬间移动呢？这背后的科学原理又是什么呢？

虫子咬的洞

在超光速瞬间移动的背后，是一个物理学分支——虫洞物理学。虫洞这个怪异的词，可能会让人产生一些奇怪的联想，比如联想到虫子咬出的一个洞。事实上这是一个非常恰当的联想，因为科学家之所以为它取名为虫洞，就是为了方便向公众介绍这个概念。

你可以想象这样一个场景：假设一颗巨大的苹果上有两条虫子，一条虫子沿着苹果的表面，从这一端爬到了对面，而另一条虫子在表面咬开了一个洞，直接穿过苹果内部到达了另一端。如果两条虫子以相同的速度爬行，那么挖洞的虫子就能用更短的时间到达目的地，这是因为它穿过了连接苹果两侧表面空间的"虫洞"。假设苹果世界的最快速度是"虫速"，那么那条穿越"虫洞"的虫子就完成了超"虫速"旅行。

如果我们生活的空间也像苹果表面一样是弯曲的，那么也可能存在这样的虫洞，让我们完成超光速的"瞬间移动"。三维空间的弯曲是一个非常难以想象的概念，不过在爱因斯坦的广义相对论看来，空间弯曲其实就是"万有引力"的本质。爱因斯坦认为，地球之所以绕着太阳转，是因为太阳的存在压弯了周围的空间。我们所生活的空间就是弯曲的，虫洞也完全有可能存在。只要存在合适的虫洞，无论多么遥远的距离都可能变得近在咫尺，我们完全有可能实现超光速的瞬间移动。但是虫洞真的存在吗？

遗憾的是，目前人类在宇宙中还没有发现任何一个天然虫洞的存在。但是，这并不代表虫洞不存在，很可能只是我们还没有发现。因为虫洞的存在，本身并不违反任何物理定律。理论上，只要我们有足够的技术，甚至可以建造一个人造虫洞，从而完成瞬间移动。

负能量的奇异物质

虫洞物理学研究的，主要是可以作为星际旅行通道的虫洞，这种虫洞被称为可穿越虫洞。那什么样的虫洞才算得上是可穿越虫洞呢？一个重要的条件就是稳定性。物理学家通过研究发现，要想保证虫洞稳定，在虫洞的内部必须存在某种能量为负的奇异物质，因此，这种奇异物质被称为负能量物质。

负能量物质之所以奇异，是因为在经典物理学中，能量的零点是用真空来定义的。相对于真空，任何其他物质都具有正能量。因此，一个比真空能量更低的物质是超出常理的。不过幸运的是，量子力学的出现打破了真空"一无所有"这个观念。物理学家通过实验发现了负能量是真实存在的，只不过这些实验发现的负能量数量都微乎其微。

另一方面，物理学家对维持一个虫洞所需要的负能量物质也做了一个计算。结果发现，虫洞的半径越大，所需要的负能量物质就越多。比如，维持一个半径1千米的虫洞，所需要的负能量物质大概相当于一个太阳的质量。这无疑给人造虫洞的前景泼了一盆无情的冷水，因为负能量物质都是以微观尺度来衡量的，而太阳的质量在宏观尺度上，是一个惊人的天文数字。二者之间天差地远，无疑给人造虫洞的构想蒙上了一层浓重的阴影。

不过这并没有完全否定人造虫洞的可能性，或许在未来，我们有能力收集到足够的负能量物质；又或许我们能够在宇宙的某个偏僻角落，发现一个天然的虫洞。那么假设我们成功地建造或者发现了一个半径1

千米的虫洞，是否就可以实现瞬间移动了呢？在穿越虫洞的时候又会发生什么呢？

星际旅行家的噩梦

当我们在穿越虫洞的时候，会遇上一个非常棘手的问题，那就是负能量物质的张力。当星际飞船靠近虫洞后，飞船上的船员会感受到一个沿着虫洞方向的前后拉伸的力；在垂直方向上，则会有一个上下挤压的力。刚开始的时候，这种感觉还不明显，然而随着飞船越来越接近虫洞，这种感觉会越来越令人不适。如果飞船继续试图穿越这个半径1千米的虫洞，疯狂增加的张力会把飞船和船员撕裂成一长串比原子还小的粒子。辛辛苦苦建造的虫洞竟然是一个撕咬万物的深渊巨口，这实在是太令人沮丧了。难道用虫洞进行瞬间移动注定是不可能的吗？

物理学家通过计算发现，半径越大的虫洞，张力的影响就越小。不过，现实依然残酷，即使是一个半径1光年的虫洞，它内部的张力依然可以破坏物质的原子结构。更不妙的是，半径1光年的虫洞所需的负能量物质，已经相当于10万亿个太阳质量了！而且即使真的有一个足够安全的虫洞，过大的半径会降低它的定位精度，一个不能精确到达目的地的虫洞也是毫无意义的。

看来，一个能够实现瞬间移动的虫洞，几乎不可能在现实中出现。这样看来，所有的科幻作品中关于远距离星际旅行的美丽故事，也不过是镜花水月。科幻故事的背后，是冷冰冰的物理学，它或许否定了部分充满想象力的奇思妙想，唯一被严格践行的是"求真"的原则。在感叹科幻之美的同时，还要分辨科学和幻想的区别呀。

手指被纸割伤为什么那么疼

百科知识

我们先来说说纸。从表面看，纸似乎没有什么威胁，但是将纸张的边缘放大后，我们会看到纸张边缘很薄，并且是锯齿状的。锯齿状的刀口其实比普通的刀口伤害性更大，因为锯齿切到皮肤时，伤口的皮下组织会被它撕扯。

我们再来说说手指。手指触摸使人们感知世界，帮我们从事精细的工作，因此我们的手指上布满了神经末梢感受器，这使我们的手指相对身体其他部位更加敏感，帮助我们避免危险，比如手摸到非常烫或者尖锐的东西时，我们就会提高警惕。当纸张遇到手指时，它在手指上割出的伤口一般不会很深，通常只会切破表皮。这样的伤往往不会造成出血，但这其实是件很麻烦的事情。因为没有出血意味着伤口没有血凝块填充，所以因割伤而暴露出来的神经末梢得不到保护。这些暴露在外的神经末梢会持续感受并向大脑传递疼痛信号，使我们觉得很疼。而手指上大量的神经末梢会加剧这种疼痛的感觉。

·摘自《读者》（校园版）2019 年第 1 期·

我们似曾相识

大科技

你是否有过这样的感觉：突然之间，眼前的场景无比熟悉，所有的一切就好像曾经经历过一样？

"似曾相识"的迷惘

某天午后，坐在电脑前，听着音乐、敲着键盘，恍惚间产生了一种奇怪的感觉：好像很久以前，我就曾经听过同样的音乐，并坐在同一台电脑前，敲下了同样的文字。这样的感觉你是否也曾经有过？突然之间，眼前的场景无比熟悉，所有的一切，包括每一个细节，甚至是接下来要发生的一幕，你都了如指掌，就好像曾经经历过？

翻开文学作品，《红楼梦》里，贾宝玉在见到林黛玉的一瞬间认定林黛玉原是旧相识；狄更斯在《大卫·科波菲尔》中说："我们都有一种偶然而生的感觉，觉得我们所说所做的是很久以前所说所做的事情，觉得我们很久以前曾被同样的面孔、同样的事物、同样的环境围绕，觉得我们很清楚接下来要说些什么，仿佛我们突然记起了这一切一样……"

这些都不是文学作品的夸张，也不是你有问题，这种感觉其实大部分人都会有，这就是"似曾相识之感"，未曾经历过的事情或场景仿佛在某时某地经历过的感觉。

调查显示，有2/3的成年人一生至少有过一次这种"似曾相识"的经历，而且越有想象力的人越可能有这种奇特的感受；经常在外旅行的人比长时间待在家的人更容易经历"似曾相识"；另外，受过高等教育的人也比其他人更多地经历这种感觉。调查还显示，"似曾相识"的发生率在青年时期最高，此后随着年龄的增长而逐渐降低。特别是当人们真正开始日复一日的单调生活时，它的发生率反倒降低了。

记忆碎片浮上脑海

其实，我们并未经历过这些事件或场景，但这种"似曾相识"的感觉又是怎么跃入我们脑海的呢？

心理学家认为，这是因为人们接收了太多的信息而没有注意到信息的来源。例如，你去朋友家做客，你忽略了朋友家墙上的一幅油画，也就是说，主观上你不认为你看到过这幅画，但是实际上这幅画的信息已经被你的记忆库所记录。当你再次注意到这幅画的时候，你的大脑就会告诉你，你已经看过这幅画了。

制造"熟悉感"的信息可能来源于各种渠道，有些是真实的，有些却是虚幻的。小说里描写的情形，或者是在电影、图画中看到过的相同的情景，当你的大脑在相似的环境下受到刺激，你潜意识里的信息就会被释放出来，进而产生一种似曾相识的感觉。

有时，根本不需要你经历过一个完整的事件或场景，你的大脑会在特定情况下把一些记忆碎片加工成一个似曾相识的完整故事。

我们的记忆是分类存储信息的，声音、图像、色彩、情感、时间、气味……都存储在不同的地方，记忆再现是把这些要素提取后组合成完整的事件。如果在某些时刻我们触景生情，激活了大脑中一片片记忆碎片，可是在记忆提取过程中出了点问题，把储存在大脑中的不同时间、不同地点的记忆碎片混到了一起，瞬间再现了另一个完整故事，这偶然激活的"完整故事"与此情此景高度重叠，就使我们误认为是"似曾相识"。

大脑神经的错位

和心理学家的观点一致，脑神经专家也认为大脑记忆库里的信息来自我们本人，不过他们认为这种错觉是脑神经传输系统的短暂变化造成的。

脑神经专家认为，把"似曾相识"的感觉放入大脑的不是别人也不是什么超自然力量，而是我们自己。因为你所感受到的这些事件或场景，很可能就发生在 0.1 秒以前，而我们的大脑因"传输延迟"，反应不及，等反应过来时，油然而生了一种"似曾相识"之感。

从人的大脑结构来看，位于大脑左半球的颞叶部是一个资料汇总中心，它会排列我们获得信息的时间顺序，当某个器官（如眼睛）摄取到信息后，信息通过两条神经线路发送到颞叶部。其中一条为直达路线，另外一条要经过右脑，虽然负责传播这些信息的神经脉冲速度并不算太快（最多也就是 120 米 / 秒），但因为我们的脑袋也就几十厘米，所以在这么短的路程中，两条线路的信号几乎会同时到达——这是正常情况。

但在某些特殊的时候，比如在你没吃早饭、没睡午觉、通宵熬夜等精神高度疲惫、大脑处于混乱的情况下，绕经右脑的那条线路就发生了迟滞。在这小小的传输误差中，直线传播的信号已经到达颞叶部，并且被大脑处理整合放入了记忆库，这时，途经右脑的信号到达了，因此就会被认为是正在经历发生过的事情，从而产生了"似曾相识"之感。

·摘自《读者》(校园版) 2019 年第 1 期·

当我们不再用手书写

【美】玛利亚·克里克瓦

如今，西方一些国家从小学阶段开始就不要求学生必须用笔写字了，教学重点转到了对键盘的熟练运用上。然而，心理学家和神经科学家表示，此时就宣布手写已经过时未免太早了。手写和更广泛的教育发展之间存在紧密的联系。

儿童最初学习手写，是因为手写不仅能让他们学会更快地阅读，而且能更有效地激发他们的创意，让他们牢记信息。换言之，重要的不仅是我们写了什么，我们怎么写也一样重要。心理学家发现，我们写字时，会自动激活一条独一无二的神经回路，它似乎在以一种我们没有意识到的方式发挥作用，使学习变得更容易了。

美国印第安纳大学心理学家卡琳·詹姆斯在 2012 年进行的一项研究

给这种观点提供了支持。在实验中，她向还没有学过阅读和书写的孩子展示一张索引卡，上面是一个字母或一种图形，然后让孩子们以三种方式中的一种复制卡片上的内容：一种是沿着由虚线构成的轮廓描摹，一种是在白纸上把它画出来，还有一种是在电脑上把它打出来。然后詹姆斯把孩子们安排在脑部扫描仪前，再次给他们展示了同一幅图像。

詹姆斯发现，最初的复制过程极其重要。当孩子们徒手画出一个字母后，其脑部有三个区域显示出脑活动有所增强，这三个区域是成人阅读和书写时所激活的大脑区域，它们是左梭状脑回、额下回和后顶叶皮层。与此相反，打字的孩子或者沿着字母或图形边缘描摹的孩子的大脑并没有显示出这种反应，他们的这三个脑区的激活强度要弱得多。

詹姆斯把这种区别归因于自由书写固有的复杂性：我们不仅要先制订计划再落实行动，而且还可以写出高度多变的字体。有可供描摹的轮廓时，是不需要这种过程的。这种多变性本身就是一种学习的途径，孩子写出凌乱的字母时，有可能会帮助他学习这个字母。

我们的大脑必须要认出字母的各种不同写法，比如说，不管我们看到的"a"是怎么写的，它都是同一个字母。能够识别字母"a"的每一种写法，或许比反复目睹同样的书写结果更有助于建立最终的认识。

在另一项研究中，詹姆斯把用手写字的儿童和那些只看别人写字的儿童进行了比较。观察结果显示，只有实际的书写行为才能引发脑部皮层发生回路活动，产生书写的学习效果。

手写的影响远远超出了字母辨识。华盛顿大学心理学家弗吉尼娅·贝尔宁格对小学二年级到五年级的学生进行跟踪研究后发现，手写和键盘打字涉及完全不同且相互隔离的用脑模式——而且每种模式都会产生完全不同的最终效果。孩子们徒手书写文字时，不仅会用比键盘打字更快的速度持续写出更多的文字，而且还能表达出更多见解。

手写的益处不仅惠及童年。对于成人而言，打字也许是一种可以替代手写的迅速而高效的方式，但这种效率可能会削弱我们处理新信息的能力。我们通过手写来记忆文字时，不仅能更有效地学习词句，还能从整体上让我们的记忆和学习能力受益。

·摘自《读者》（校园版）2019 年第 1 期·

如果人类演化出现分流，你会选择成为怎样的人类

张小北

　　技术对人类生存状态的改变，已经逼近某个临界点了。我个人认为，移动互联网正在快速改变全球大部分人口的生活方式，我们实际上已经处于某种"赛博格"（生化电子人）化生存方式的前夜了。

　　现在的手机受制于当下技术，还不能和人体结合，但它实际上已经成为大部分人日常生活中不可或缺的组成部分。大多数人可能除了洗澡都会带着手机，在这样的生活方式里，手机只是因为技术限制而没有成为人体的一部分而已。只从功能上说，如果拿走一个人的手机，这个人实际上就处于"断网"状态，绝大多数的日常生活和工作都会受到影响，严重时甚至可以认为这个人已经处于"失能"状态。而且这种趋势正向着不可逆的方向发展，也许在我们的有生之年，就能看到这种不可逆变

化的关键转折点。

不难想象，随着技术进步，如高速无线连接、云存储功能、支持 AR 的视网膜投影装置、虚拟输入界面等技术的发展，再结合某种可以植入人体并用人体生物能供电的小型或微型联网装置，带有大屏幕的手机很容易就被取代了。考虑到潜在的商业利益驱动，这种人机结合模式应该很容易得到大范围推广。而且考虑到硬件升级和维修的要求，它必须支持热插拔，以配合不同功能的外置配件。这算是第一层的赛博格改造，而且是可逆的，只要有需要，它可以轻易被取出并且不会对人造成永久的生理性伤害。

显然，如果你足够有钱，就可以不断升级硬件，并且得到更好的云端信息支持，你在生活和工作上就能获得更大的优势。你可以过目不忘，见到任何人都能第一时间调出其背景资料和应对建议；遇到危机事件不会呆若木鸡，因为立刻就有相应的支援和行动建议……这些传统意义上需要通过漫长素质教育获得的能力，甚至通过遗传才能获得的天赋，将来可能都可以用软硬件结合的方式植入人体了。

这种后天获得的、可以持续更新的、高度依赖外界资源的人机结合模式，一旦迈出第一步，人类社会的某些基本准则就会被永久改变。就像我们现在将世界各国分为第一、第二、第三世界国家，未来还会加上赛博格人群和非赛博格人群的区分。在一个高速信息化社会，这种“生理＋技术”上的优势是不可忽视的，并且二者之间的差距会持续加大。

显然，富人和穷人在这个大演变过程中，进入的是不同的未来。富人过去只能留下物质遗产，但无法改变后代的智力和能力，所谓“富不过三代”，如果富二代不能凭借自身努力提升见识和能力，也会遇到阶层滑落的挑战。但未来技术的进步，会从根本上改变一些社会规则，并强化阶级壁垒，让它更难以翻越。就像大家现在都在抢学区房一样，未来富人的后代和穷人的后代的起跑线都不在一个体育场里。

而且我们还无法逃避甚至延缓这个未来的降临。如果说我们一定要做出什么选择，那就是现在尽量多挣点钱吧……

当这种挑战和超越现代社会模式的人机改造开始后，剩下的就是人类社会允许它走多远的问题。而这种技术通过黑市交易进行扩散是无法阻挡的，起码会有一批数量上不可忽视的人进入第二层意义上的赛博格改造，就是用人造器官取代部分身体器官。传统意义上的残疾人康复会是突破口，因为这在道德伦理层面几乎无可指责。人造器官可以不断替换升级，最后发展成诸如全光谱、可切换、可升级的人工眼睛等高水平人造肢体。而用以帮助高位截瘫患者的机械外骨骼也会在工业和军事领域得到应用，最后把超级士兵变成全面改造过的战争机器，电影《光晕》中的士官长就是某种人类赛博格化的终极形态。

当相关技术有了足够的积累后，第三层赛博格改造也就不可避免了，最后势必会出现身体内无机物大过有机物的改造人体。我们可能面临一个两难选择：只要大脑功能正常，人类社会就得承认这些人的人类属性；但从生理上，他们无疑已经不再是我们熟悉的人类了。

在外星开发或极端环境应用场景里，拥有人类智力的机械肯定拥有更高的生存概率。考虑到 AI（人工智能）技术的瓶颈，以及人类对 AI 进化的警惕性，在制造 AI 机械和改造极端化赛博格人体之间，无论是技术还是心理，选择后者的可能性都更大。

最后，如果可以做到只剩大脑，其他身体构成都可以替换为人造体，那么人类社会的一个巨大挑战就出现了。

过去，死亡面前人人平等；现在，有钱人就可以活得更久；未来，有钱人甚至可以暂时逃过死神的眷顾——即使无法永生，起码也可以用另一种形式再活一次。

当一个人知道自己可以活很久，甚至可以做到某种意义上的"永生"后，这个人就不再是我们现在所认为的"人"了，他更接近"神"。一个被制造出来的"神"以及"神族"，这对人类文明的挑战就太超乎我们的想象力了。

技术发展带来进步，也带来挑战，而且技术是可能失控的。当我们开始用技术改造自身时，我们也在改造历史和未来。没有人能预言未来，但我们或许可以提前预想一下，如果房子着火了，我们该怎么办。

面对技术的进步，我们不能把宝押在人性上。如果说这个世界还有什么不会变，那就是永恒的人性了。但人性和技术之间的平衡都是暂时的、脆弱的，而我们要做的就是尽力让这个世界在岌岌可危的平衡里保持足够久的状态，并期待人性和技术都能获得及时的进步。

身为个体，我们面对技术的时代洪流是无法逆势而动的。但我们可以选择善待人性，并努力让自己跟上时代和技术的变革。

·摘自《读者》（校园版）2019 年第 2 期·

证件上的你为什么那么丑

白瑞雪

人生总有一些猝不及防的打击，让你的自信心全面崩溃。比如，领到新的身份证，面对证件上那个额似门板、肤有雾霾、目光离散、鼻孔却直视镜头的中年妇女，一个声音在心底高喊："是你，是你，照片上的就是你。"另一个声音却百般抗拒："我不会这么丑吧！"

对证件照的不满，当为天下人之共识。江湖有言："作为一个受过教育的人，你不该轻易去探听别人的年龄或婚姻状态，也永远不要未经允许就看人家的身份证。"

我的一个女朋友不过是脸盘圆润了点儿，身份证照片活活被拍成了高晓松。另一个女友过安检常遇到对方意味深长的询问："韩国整的？"

纵观几十年间办理的身份证、毕业证、学位证、护照……各种证件照在丑颜之路上前赴后继、勇攀新高，带给自个儿的羞辱简直罄竹难书。

证件上的你为什么那么丑？"冻脸效应"表明，人类脸部的静态图远远没有动态图好看。而拍摄证件照的我们不能眉飞色舞，不能用头发遮住圆润的脸，不能化妆或佩戴首饰。在没有任何角度、修饰、遮掩可选择的情况下，工作人员——通常是视拍摄与按指纹业务并无区别的警察叔叔，直勾勾地拿相机对准你——通常是市面上已经淘汰的老旧机器，一张将伴随你走南闯北几十年的照片就这么诞生了。

发生这种惨剧的首要原因在于，美不美从来不是证件照片的基本功能。证件照的价值是识别，也就是说，它得证明你确实是你。

中科院技术"大牛"山世光老师是这样解释的："同一个人在拍照时，由于姿态、表情、光照、年龄等变化，拍出来的面部图像在信号层面差别非常大。"山老师说了，目前人脸识别领域面临的主要挑战之一是"鲁棒性"问题。文科生别害怕，这个怪词翻译过来是说，你拍证件照时嫣然一笑，照片上原本应该是嘴唇的像素被填上了大白牙，等到下次需要机器识别时你又不笑了，这叫机器怎么准确、稳定地认出那就是你呢？

咱得包容证件照，它虽然丑，但丑得讲科学，丑得有道理。此时丑的你属于基本配置——奥拓，加上一颦一笑那是奥迪，隆重化个妆就办成了奥运。证件照搞个豪华配置，你倒是美了、开心了，可身份识别就难了，保护不了你的合法权益，还可能把你指认成在逃嫌犯什么的。如此一想，豁然开朗。科学技术不仅是第一生产力，还是有效的心理安慰剂啊。

然而，你是否想过，我们可能确实那么丑。面对证件照的震惊，难道不是因为美图软件让我们背上了沉重的"偶像包袱"，以至于无法面对真实的自己？常年在镜子里搔首弄姿寻找最佳角度的我们，难道不是最熟悉的陌生人？

　　"乔哈里视窗"理论认为,人内心有4个自我:公开的自我、秘密的自我、盲目的自我以及未知的自我。自我认知的错位,往往发生在"盲目的自我"部分,其盲目性所及何止容貌。在喜怒哀乐的人间,缩小理想自我与真实自我之间的认知差距,接受不完美的世界与不完美的自己,实事求是、量力而行地过好每一天,才是解决这个问题的关键。

·摘自《读者》(校园版)2019年第3期·

胃会越撑越大、越饿越小吗

普外科曾医生

胃是一个空腔长管状的器官，胃壁是由肌肉组织构成的，有很强的伸缩性，就像气球一样，可以被撑大。当大量进食以后，胃最多可以被撑大 20 倍。如果无限制地吃下去，胃进一步扩张，胃壁的肌肉纤维就会被拉得很薄，存在破裂的风险。

很多人在节食减肥的过程中，会关注胃是否会越饿越小。答案是不会。

做手术之前，患者都需要禁食 8 小时，我们在手术中发现，胖子和瘦子在空腹的情况下，胃的大小是差不多的。人在节食的情况下，确实会吃得越来越少，并不是胃变小了，而是心理和生理多种因素共同作用的结果，是人的大脑发出指令，强忍住自己的饥饿感而不进食。

虽然胃不能饿小，但是胃确实可以被撑大。比如那些"大胃王"，如果长期暴饮暴食，在短时间内进食大量的食物，胃壁的肌肉就会被撑薄，弹性会下降，胃的运动能力也会下降，长此以往，会导致胃肠功能障碍。有些人还会出现胃无力、胃下垂。

很多"大胃王"虽然吃得多，但都会偷偷催吐，而且他们平时会经常锻炼自己的胃，为了保持身材，花大量的时间去健身。我们普通人根本没有办法做到这些，所以千万不要学习他们。

·摘自《读者》（校园版）2019 年第 6 期·

如何成为学新东西最快的那个人

罗辑思维

想要高效学习，我们首先得了解一下"学习"这件事。学习的过程，可以分为两步。

第一步：输入新知识，形成短期记忆。我们上课、看书都属于这一步，学到的知识形成短期记忆，被储存在大脑里。我们刚听完课、背完单词时，会觉得记得特别清楚，就是因为这些知识是新鲜的短期记忆，很容易回忆起来。

第二步：大脑对短期记忆进行整理，转化为长期记忆。学习结束后，我们的大脑并没有停止工作。它会用几个小时，甚至几天的时间，对新知识进行整理，把短期记忆转化成长期记忆。脑科学研究显示：人脑的长期记忆容量几乎是无限的，只要形成了长期记忆，记忆内容就几乎不会被忘记。

问题就出在这里——大脑把短期记忆整理成长期记忆，是个损耗很大的过程：我们学到的新知识，只有不到 30% 能成为长期记忆，70% 以上都会被忘记。回想一下，为啥我们刚背完单词时印象深刻，过几天就忘得一干二净？就是这个原因。

现在你明白了吧，反复朗读、背诵为啥效率不高？就是因为它们一直在重复学习的第一步——输入，而忽视了将短期记忆转化为长期记忆，所以一边不断学习，一边迅速遗忘。就像一个这头注水，另一头漏水的水池，很难快速蓄住水。

既然"不断重复"的效果不好，为啥大家还对它那么热衷呢？就是因为我们被大脑欺骗了。大脑天性懒惰，偏好重复这种不怎么消耗脑力的活动。而且，不断重复会让我们越做越熟，从而产生一种"我已经记住了"的假象。但事实上呢？这时候我们只是在机械地重复，并没有让大脑活跃起来。

所以，真正高效的学习，不是不断重复，而是减少短期记忆的损耗，让尽可能多的知识变成长期记忆。这里的奥秘，就在于主动检索。检索，就是主动回忆学过的知识，把它们从大脑中提取出来。我们往往觉得，得先记住知识，才能想起来。事实恰恰相反：主动回忆学过的知识，会让大脑进入活跃状态，帮我们更好地记忆。而且，回忆的时候越费劲、越烧脑，记忆的效果越好。

说到学习，自然绕不开创造力这个话题。天马行空、奇思妙想，应该是我们对创造力最大的误解。如果说创造是在大脑里盖房子，那么各种知识就是这个建筑的材料。没有知识，归纳、总结、创造这些高级的活动都是不可能实现的。很多时候，我们以为自己缺乏创造力，其实只是因为缺乏知识。

　　总有人问：学习到底有啥用？脑科学告诉我们，学习能让人变聪明。这可不是一句空话。虽然大脑的整体构造是由基因决定的，但每次学到新的内容，大脑的海马体就会产生新的神经元。我们每次学习，都在改变着自己的大脑。学得越多，我们就越聪明；做过的事越多，我们能做到的事也会越多。这个道理，愿与所有终身学习者共勉。

·摘自《读者》（校园版）2019 年第 6 期·

你留了很多细胞在妈妈身体里陪着她

七君由

俗话说，儿是娘身上掉下来的肉，其实真相并没有那么简单。在你出生的时候，你就把你妈变成了一种"奇美拉"——嵌合体人。

不不不，不是把你妈变成了上半身鱼、下半身人的生物。嵌合体人指的是，一个人身体里的一部分细胞有不同的 DNA。

这是因为，你妈生下你以后，你的一部分细胞就留在了她的身体里，进入她的大脑、心脏、肺、脾脏、肝脏、乳腺等器官，有些细胞会陪伴她一生。

比如，2012 年的一项研究发现，在 59 名女性中，2/3 的人的大脑里检测出了男性才有的 Y 染色体，这很可能是她们曾经孕育过的儿子（或她们的哥哥）留给她们的。其中"最高寿"的 Y 染色体是在一位 94 岁的老奶奶的大脑里发现的。

不管有没有真正生下孩子，每个准妈妈从怀孕第 6 周开始就会接受胎儿"送"给她的细胞礼物。在孕妇的血液中，大约 6% 的 DNA 来自胎儿。

胎儿的一部分细胞会穿过胎盘和子宫，通过妈妈的血管来到妈妈身体各处，然后在妈妈的身体里安居乐业。

小宝宝的细胞还会进入妈妈的骨髓，并在那里待上几十年。所以妈妈的血液里会时不时地冒出一些来自自己孩子的细胞。有时候在孩子出生几十年后，孩子的细胞还在妈妈血液里游荡。

这个现象被称为胎儿微嵌合。胎儿微嵌合最早是由 19 世纪的德国病理学家 GeorgSchmorl 发现的。包括人类在内，所有真兽下纲的哺乳动物都有这种胎儿微嵌合的现象，比如猴、狗、牛、小鼠等。因此，小宝宝"送"细胞给妈妈可能是来自哺乳动物祖先的一种技能。

一般来说，孩子出生后，妈妈的免疫系统会杀死一部分外来细胞，但是其中的一部分可以逃脱妈妈免疫系统的追杀，存活很久，有时甚至是一辈子。对已经有了孩子的妈妈来说，她的身体里每一千到一万个细胞里就有一个细胞来自自己的孩子。

许多科学家认为，这些来自胎儿的细胞很有可能是干细胞（或者祖细胞），所以它们才有能力"移民"到妈妈身体的各个部位。

目前，大家对小宝宝送细胞给妈妈的看法主要有三种：

第一，它们是小宝宝的"间谍"，混进妈妈的身体来控制妈妈，但可能因为太自私会在妈妈的身体里"搞破坏"。

这些"间谍"细胞或许可以调节妈妈体内的激素水平，为小宝宝的存活提供保障。

比如，在乳腺组织里常常可以找到胎儿的细胞。这可能是有"心机"

的小宝宝在出世前就想好了该如何让妈妈多给自己搞点奶水了。妈妈的甲状腺里也有很多来自胎儿的细胞，可能是有"心机"的小宝宝想让妈妈多发热，温暖自己。

至于"心机"小宝宝的细胞想在妈妈的脑子里搞什么事情，可以遐想的空间就很大了。或许，当妈妈每次想召唤"食娃狼"把小孩叼走的时候，这些来自小宝宝的细胞就会让妈妈的大脑产生隐隐的负罪感，或是让妈妈的大脑分泌更多爱的激素——催产素，重新享受被娃虐千百遍的刺激。

第二种看法是，这些细胞是来守护妈妈的。毕竟，妈妈活得久、活得好，后代也能间接获得好处，不是吗？

第三种看法是，不干什么，不为什么，就是进来随便逛逛。

一些癌症研究发现，在女性不健康的组织里有更多来自胎儿的细胞。在小鼠妈妈坏掉的脑子附近，小宝宝的细胞浓度也会从千分之一到万分之一上升为百分之一。在小鼠妈妈的肺部肿瘤里，还有女性受损的肝脏或甲状腺里也可以发现宝宝的很多细胞。

不过，现在大家还不清楚，这些来自小朋友的细胞是"肇事司机"，还是过来帮妈妈"敲扁坏蛋的"，或者只是过来围观车祸现场"吃瓜起哄的"？

你还不知道的一点是，不但你给你妈留下了细胞礼物，你妈、你外婆、你同母的哥哥姐姐（如果你有哥哥姐姐的话）、你的孪生兄弟姐妹（如果有的话）可能也给你留下了细胞礼物。

为什么会这样？

因为，怀孕的准妈妈身体里有至少三个人的细胞：一套是她自己的；一套是她妈妈的，也就是孩子外婆的；一套是她现在以及过去的孩子们的。

当胎儿大概 6 周大的时候，妈妈和胎儿就会开始交换细胞。

所以，你也可以算是个寄生兽了。所谓的骨肉至亲，就是指互相交换过 DNA 的那种吧。

你妈妈逼你学习，说不定还是因为另一个你在她的身体里实在看不下去了。

· 摘自《读者》（校园版）2019 年第 7 期·

古人为什么要用又高又硬的瓷枕头

博　闻

　　用惯了软枕的现代人，很难理解古装剧和博物馆中出现的瓷枕——古人为什么要"为难"自己？这样又高又硬的枕头用起来舒服吗？

　　作为一种寝具，"枕"有着久远的历史，早在新石器时代晚期就出现了人类使用的石枕（1957年，湖北黄冈螺蛳山遗址墓葬中发现一件石枕，长18厘米、宽16厘米、厚4厘米~5厘米），人们那个时候就有意识地使用枕头垫着脑袋休息了。

　　从考古发现来看，枕头在不同时代有各异的形态，材质和形状也各不相同，主要可以分为硬枕和软枕两类。其中，瓷枕从唐代开始广泛流行，宋代达到鼎盛，明清时期逐渐衰微，直到20世纪才退出了历史舞台。从现有的资料来看，瓷枕陪伴人们入睡至少有1000多年的历史。那么问题来了，既然睡瓷枕这么不舒服，为什么瓷枕还能够流行这么久呢？它的魅力在哪儿？

我们可以依据瓷枕的使用痕迹、现存的文献图像资料和出土的实物，分析它的实用性。

瓷枕最重要的功用在于夏天纳凉。没有空调的夏天，古人是怎么熬过去的呢？通风、打扇、铺簟、用冰之外，还有一样消暑神器——瓷枕。夏日炎炎，午后时光又如此漫长，冰冰凉凉的瓷枕正适宜午睡消暑。

在描写女子闺阁生活的词作中，我们可以发现瓷枕的另外一个功能——支髻固发。古时女子头发很长，梳发髻更是耗时耗力，所以午睡时女子睡瓷枕——只有硬质的枕头才能保持发髻不散乱。

此外，瓷枕还有储物功能。瓷枕是中空的，以前的人会把珍贵的东西放置在枕头里，把枕头当作储物盒使用。《越绝书·外传枕中》记载："以丹书帛，置之枕中，以为邦宝。"旧时人们往往把契证、零钱、记事本等物件放入瓷枕，一旦发生火灾，拿起枕头就跑。

祈福保平安是瓷枕的又一大功用。唐宋时期流行的瓷枕以北方窑口出品居多，在动荡不安的时代，河北等地的普通工匠依旧通过制作瓷枕将祝福传递给千家万户——祝愿枕着瓷枕的人平安、乐观、多子、富贵。以磁州窑系的瓷枕为代表，枕面上的文字灵动风流，大多洋溢着生机盎然的生活情趣，寄托了古人的浪漫情怀。枕着瓷枕入眠，仿佛古人在透过冷冰冰的瓷枕向遥远的我们送来问候，轻轻道一声带着历史余温的"晚安"。

·摘自《读者》（校园版）2019 年第 8 期·

为什么有人笑也会流泪

方　洲

　　你是否有过这样的经历，忽然遇到一件令人非常高兴的事，哈哈大笑，可是笑着笑着，眼泪就会不知不觉地流下来。有个成语叫"喜极而泣"，可是你知道自己根本就不想哭，那为什么眼泪会流下来呢？

　　这是因为人的眼睛旁边有一条眼泪的"下水道"——鼻泪管，顾名思义，它是眼泪流到鼻腔里的唯一通道。当人安静时，眼泪会均匀地分布在眼睛的表面或沿着眼皮内的空隙流动，再加上平时眼泪分泌得不多，而且每当你闭眼睛的时候，一些泪水就会通过鼻泪管流到鼻腔里，所以你感觉不到眼泪的存在。

　　但是当你纵声大笑时，眼皮就会用力地挤压，将泪水拼命向鼻泪管里送。而与此同时，鼻腔因大笑而压力增加，鼻泪管被堵塞，眼泪的下水道就不通了，泪水无处排泄。笑得越厉害，聚集在眼睛里的泪水就越多，当泪水超出眼睛的容量时，就会悄悄地沿着你的眼角流下来。你哭了，别人会这么想。

现在你知道原因了吧？当你再看到别人笑着流泪的时候，不会再认为他是伤心欲绝了吧。

·摘自《读者》（校园版）2019 年第 12 期·

以人体为家的生物

大科技杂志社

爬在脸上的"小蜘蛛"

长痘痘对于每个人来说都是一件非常苦恼的事情。我们也经常会在各种地方看到祛除痘痘的广告，某些广告会告诉我们长痘痘的原因，比如螨虫。螨虫确实与痘痘有关，但并不会引发痘痘。实际上，我们每个人的脸上都有螨虫，而且这些螨虫一直都生活在我们的脸上。2014 年的一项调查研究显示，100% 的成年人面部都有螨虫。即使我们想出了一些办法来清除它们（比如用硫黄皂洗脸），它们也很快会重新在我们的脸上建立起强大的部落，因为我们生活的环境充满了螨虫，无论是毛巾还是枕套。

螨虫和蜘蛛其实是近亲,它们同属蛛形纲。螨虫有 4 对足和一对触须,大小一般在 0.5 毫米左右。世界上已经发现的螨虫有 5 万多种,最常见的螨虫是尘螨和蠕形螨。尘螨很普遍,空气、灰尘和毛毯等都有它们的身影,尽管它们会造成呼吸道或者皮肤过敏,但尘螨并不是生活在我们面部的主要螨虫,蠕形螨才是。蠕形螨根据寄生位置的不同又分为毛囊螨和皮脂腺螨。皮脂腺螨以人面部美味的油脂和死皮细胞为食,还喜欢在被称为毛孔的小洞里产卵。螨虫 24 小时都生活在我们的脸上,所以不是感染了螨虫而导致痘痘产生,而是痘痘为螨虫提供了绝佳的寄居环境,螨虫的存在又加重了痘痘的症状。

腋窝中的"臭气怪"

在炎热的夏天或者运动过后,我们常常会出很多汗,汗水的气味有时会让我们感到很难堪。实际上,汗液本身并没有什么气味,一群居住在我们腋窝中的葡萄球菌才是造成汗臭味的"罪魁祸首"。汗液的主要成分除了水,还有蛋白质、脂质、脂肪酸、胆固醇和含铁的盐分等。葡萄球菌利用汗液中的这些成分为自己提供能量,同时产生硫醇,而硫醇带有熟洋葱和腐烂的臭鸡蛋气味,这就是汗臭味的来源。

葡萄球菌是一类球形的细菌,它们常常堆聚在一起,看起来像葡萄串一样,因此得名葡萄球菌。葡萄球菌种类繁多,除了金黄色葡萄球菌会引起肠炎等疾病,大多数葡萄球菌都不会给人们带来疾病。居住在我们身上的葡萄球菌主要是表皮葡萄球菌和人型葡萄球菌,它们通常都是无害的,其中,表皮葡萄球菌喜欢居住在人体上半身的皮肤上,大约占整个人体葡萄球菌的 46%,而居住在腋窝中的主要是人型葡萄球菌,大约占整个人体葡萄球菌的 22%。

眼球上的寄生菌

多年来，由于眼球表面存在溶菌酶，这种酶能够杀死细菌和其他可能从空气中进入眼睛的微生物，眼球表面一直被认为是不毛之地。不过，2017年美国国家眼科研究所的研究人员在小老鼠的眼球上发现了乳腺炎棒状杆菌。后来，研究人员在人眼中也发现了类似的菌株，颠覆了眼球上没有生命的观点。

乳腺炎棒状杆菌长期生活在我们眼球的表面，并帮助人们抵御那些有害细菌，以防它们落在眼球上。在眼表上，乳腺炎棒状杆菌会诱导一种白细胞介素（具有生物活性的小分子蛋白）的产生，白细胞介素会吸引中性粒细胞（一种参与人体免疫的细胞）到达眼结膜，并将抗微生物蛋白释放到眼泪中，杀死可能落在眼睛上的细菌。不过，科学家们还不清楚乳腺炎棒状杆菌为什么不会被抗微生物蛋白杀死。

鼻孔里的战争

不论我们的鼻子长什么形状，它都有两个洞——鼻腔，这些幽深黑暗的区域其实是两种善恶细菌的激烈战场。是哪两种善恶细菌呢？邪恶的细菌就是前文所提到过的金黄色葡萄球菌，而善良的细菌就是路邓葡萄球菌。

通常情况下，鼻腔中的金黄色葡萄球菌不会造成任何问题，它们只会在伤口处造成感染。然而，由于人们长期使用大量的抗生素（杀菌药），金黄色葡萄球菌逐渐进化出了一种名为耐甲氧西林金黄色葡萄球菌（MRSA）的超级细菌。这种超级细菌可以在没有任何伤口的情况下造成感染，因此，鼻腔中的金黄色葡萄球菌就像一颗"不定时炸弹"。而且

MRSA 具有很强的抗药性，人们常用的抗生素，比如青霉素，对 MRSA 没有任何效果，所以 MRSA 感染的致死率也比较高。

虽然感染上 MRSA 特别可怕，但它的发病率并不高，这要归功于居住在鼻腔中的另一种葡萄球菌——路邓葡萄球菌。德国蒂宾根大学的一个研究小组最先在人类鼻腔中发现了这种细菌，路邓葡萄球菌会产生一种抗生素——路邓素。路邓素不但能杀死超级细菌，还不易产生耐药性。当然，并不是所有人天生就携带路邓葡萄球菌，但如果你的鼻腔中有它，那么你携带 MRSA 的概率就会大大降低。目前，研究人员正努力将路邓素发展成一种预防性药物，比如鼻腔喷雾剂，希望能够解决 MRSA 感染的问题。

当然，除了上述微生物，我们的身体里还有许多其他的微生物，比如，人的肚脐中就有至少 60 种细菌，包括通常只存在于冰盖和火山口的噬极生物。虽然这些微生物现在与人们和谐共处，有些甚至还在帮助人类，但是一旦人死去，它们就会开始吞噬人体，肠道里的细菌由内而外打开通路，皮肤上的细菌则由外而内破门而入，这一过程被称为分解。无论人类还是其他动物都会通过分解过程重新回归大自然，不过，我们暂时还是好好地和这些小生物和谐共处吧！

·摘自《读者》（校园版）2019 年第 14 期·

在人类制造光明的历史上，光究竟有多贵

梦 吉

上帝说要有光，但是没说光要花多少钱。制造光明是人类最早习得的技能之一，但不是人人都用得起蜡烛。在黑暗年代造蜡烛要花很多钱，甚至需要付出生命的代价。当然，现在不同。不同时代的光有多贵，我们来算一算这笔账。

中世纪：蜡烛是奢侈品

在 18 世纪西班牙王位继承战争期间的一次航行中，苏格兰皇家海军军官亚历山大·赛尔科克在南太平洋的胡安·费尔迪南群岛被放逐。在以亚历山大为原型的《鲁滨孙漂流记》中，笛福这样描述了他在岛上对光的渴望：

"我太需要蜡烛了……每天晚上7点天黑,我不得不睡觉。我还记得在去非洲冒险时用蜂蜡块做蜡烛,但现在我没有蜂蜡块。唯一的补救办法是宰头羊,把脂肪保留下来,放入白天晒干的黏土容器中,再将棉絮捻成一根灯芯放进去,给自己做一盏灯照亮夜晚,但这远比不上一根好蜡烛。"

照明是人类很早习得的技能之一。一根灯芯,一块脂肪,一个容器,便可以点亮黑夜。太平洋西部的土著印第安人将三文鱼风干后,串上细绳当灯芯;苏格兰人把丰腴的海燕风干,把灯芯穿过海燕喉咙后点燃。法国南部洞穴考古发掘出了旧石器时代人类使用的岩石灯,对残留物做化学分析后发现,用作燃料的动物脂肪来自狗、猪、狮子、河马、公牛、绵羊、骆驼,以及鹿。

蜡烛作为照明的载体在公元前500年由罗马人固定了下来。此后直至中世纪,照明的生产方式和燃料都没有发生显著变化,蜡烛价格和燃烧效率的变化也非常缓慢。

蜡烛的制造技艺受人尊重。中世纪曾有儿歌这么唱:"长大了我要嫁给谁?屠夫,面包师,还是蜡烛制造匠?"不管嫁给谁,对于14世纪初,年收入在40英镑至50英镑的普通家庭,1.5便士0.45千克的动物脂肪蜡烛是奢侈型消费品,而教会才用得起的蜂蜡就更不用想了。最经济的办法是自制蜡烛:夏天收割灯芯草后晒干剥皮,取其木髓制成灯芯后,浸入液态的动物油,灯芯将油脂吸干后,就成了灯芯草蜡烛。动物油脂也不是买来的,而是厨房里剩下的边角料油。一条50厘米至60厘米长的灯芯草蜡烛,可以燃烧45分钟到1小时。制作灯芯草蜡烛需要的脂肪和灯芯草的比例为6:1,0.68千克的灯芯草蜡烛,穷人家可以用一年。经济条件略好、家养牲畜的自由农民家庭,宰一头小公牛所获得的脂肪,可以制作 300 根蜡烛，足够节俭地用上 3 年。

假如用流明（lumen）来衡量，中世纪初一户家庭每年消费 3000 流明，平均每天 8 流明左右。一个 100 瓦的白炽灯泡一小时便能提供 1 万流明。也就是说，中世纪的家庭每天获得的人造光亮，只相当于现在 100 瓦的白炽灯泡工作 20 秒。

18 世纪初，为了资助西班牙王位继承战争，英国安妮女王下令对包括蜡烛在内的生活必需品征税。到 18 世纪中期，税收导致蜡烛的市场价格违反市场规律地上涨了近 50%，之前有能力购买蜡烛的家庭，回到了自制灯芯草蜡烛的生活，经历了中世纪以后的另一种"黑暗时代"。

女王对蜡烛征税只是针对动物脂肪所制成的蜡烛，鱼油制成的蜡烛并没有被列入征税名单。海边城镇早在 16 世纪便有人用露脊鲸制作油灯照明的传统，女王开始征税后，抹香鲸鲸油成为征税新目标。它没有动物脂肪燃烧时产生的强烈臭味和黑烟，成了城镇街道照明的理想原料。大航海时代的到来，让规模化的捕鲸和鲸油进出口成为可能。美国东北部的马萨诸塞州的楠塔基特小镇，成为捕鲸史上的重要坐标。

鲸油时代：给我一个宫殿也不换

楠塔基特小镇位于美国马萨诸塞州新英格兰以南 14.9 千米处。每年秋天，成千上万的露脊鲸会出现在楠塔基特小镇的海滩边，来年春天离开。上百艘捕鲸船每年从楠塔基特出发，在大西洋和太平洋上历经两三年的探险，带回鲸油，销往美国和欧洲，照亮城镇街道、桥梁、铁路和富人的客厅。19 世纪最初的 15 年里，4.55 升普通鲸油的售价 1.5 美元，4.55 升抹香鲸鲸油的售价是 2.5 美元，大致等同于现在的 20 美元和 34 美元。随着需求的增加，到 19 世纪中期，抹香鲸鲸油的价格上涨到一升 12.5 美元，相当于现在的 170 美元。

多年后回忆起登上艾塞克斯号的那一刻，托马斯·尼克森说，那是他一生中最兴奋的时刻。1819 年，他 14 岁，宽鼻大脸，刚成为艾塞克斯号上的船上侍者。他注意到，艾塞克斯号甲板上的鲸油提炼炉已有不少裂缝，用橡树松枝搭起的房间散发出油、血、烟草、果汁、食物、盐、霉菌、沥青的味道以及燃烧的烟味。

和所有楠塔基特小镇的男孩一样，他将捕鲸船看作好运和机会的起点。"尽管她（艾塞克斯号）又黑又丑，"尼克森在日记里写道："但给我一个宫殿也不换。"被誉为被幸运之神眷顾的艾塞克斯号，一次可以带回 1200 桶装满的抹香鲸鲸油，平均 22 美元一桶，收入达到 26400 美元。从船长到侍者都按比例分成，带回的鲸油越多，所有人赚得就越多。然而在享受鲸油所带来的收益前，个人要承担更多的风险。艾塞克斯号在一年多的探险后，在南太平洋遭遇了抹香鲸的袭击后沉没，船上仅有五人生还。有些船员即便没有因为恶劣天气或鲸鱼袭击失去生命，但逃到不知名岛屿上被当地土著人杀害的情况也有所记载。

现代文明：人人都能用得起

蜡烛和油灯的使用从不是一劳永逸的事：必须有人不断地剪烛芯以避免产生过多的烟和火花，油灯带来的火灾威胁更是从未消停。18 世纪末，苏格兰工程师威廉姆·默多克从煤中提取出天然气，照亮了自己家。随后几年，他尝试了不同纯度和质量的天然气提取物，以及不同的运输、保存、提纯和照明方式。19 世纪初，曼彻斯特的纺织厂成为第一家被天然气照亮的工厂。

从 19 世纪 20 年代到 50 年代，天然气的照明效率增长了 10 倍，价格迅速降低。使用范围从工厂和城市公共照明扩展到富人宅邸。尽管天然气照明所需的基础设备成本过高，从而导致普通家庭照明大多还得靠蜡烛，但高性价比的照明燃料的出现，让蜡烛和油灯的可替代性进一步增加了。

19 世纪 50 年代后期，石油在美国被发现，彻底改写了照明燃料的市场格局。1858 年，纽约的退休铁路售票员詹姆斯·德雷克来到宾夕法尼亚州奈特斯维尔小镇寻找石油矿藏。此前，他曾读到耶鲁大学一名化学系教授关于岩油经提炼后可用于照明的论文。泰特斯维尔小镇的居民都嘲笑他。多年来，地表总是会时不时冒出一点油。当地的传统做法是将毛毯铺在水池冒油的地方，让毛毯把油充分吸收后，拿回来晒干，从没有人知道更有效的提取方法。从 1858 年 7 月到 1859 年的 8 月，经过多次失败的尝试后，德雷克用一台蒸汽机挖了一口油井，并在油井下 21.3 米处开采出了石油。

到 1860 年，10 美元可以让一个家庭买到一个月的天然气灯照明，或者一整年的煤油灯。曾经无法负担天然气照明基础设备的穷人，此时也用上了煤油灯。

下一个突破是电灯。电灯发明时，煤气灯已经存在了一段时间。缺点在于它是开放式的灯，点燃时会将空间内的氧气消耗掉，导致房间过热，同时会有酸性气体释放出来。各种煤气灯泄漏所导致的窒息事故，成为寻求替代品的时代背景。在评估了电灯系统和煤气灯系统的成本差异后，连续创业者爱迪生拿着 JP.摩根及其他银行家的投资，在曼哈顿下区建造了发电站，铺设了电线，并在 1883 年成功照亮了整个曼哈顿下区。

无论是鲸油灯、煤气还是煤油灯，它们承担的公共照明功能彻底改变了城市公共空间的安全属性，漫长的中世纪宵禁也被热闹快活的小酒馆所取代。这是凡·高的画作中，唯一不是被星空而是被灯光照亮的城市夜晚。他在给妹妹的信中写道，这幅画的灵感来源于莫泊桑在《漂亮朋友》中，主人公路过的巴黎一家灯火通明的咖啡店：

"咖啡店门面外的平台上，有喝咖啡的人的剪影。一盏巨大的黄色煤气灯照亮了整个街道。光洒进了鹅卵石之间的缝隙里，看上去有些许紫粉色……终于有一幅夜晚的画不再被黑暗裹挟，终于可以和晚上画画、白天上色道别了。"

回过头来再看法国南部洞穴里的壁画。试想一下，假如我们所拥有的只是几盏忽明忽暗的岩石灯，那么原始人在作画时所看到的，和我们如今提着灯笼看到的，到底是不是同一个东西呢？

·摘自《读者》（校园版）2019 年第 14 期·

如果人类是被设计出来的

无 fa 可说

如果人类真的是被设计出来的，那我一定要找到那个造物主，先把他按在地上一顿暴捶,然后厉声质问他:为什么要在我身上留下这么多"低级漏洞"？

第一，为什么你把我的视网膜贴反了？感光细胞在血管层背面，射进来的光线要穿过密密麻麻的毛细血管才能进入视网膜，在视网膜上留下大量的视觉阴影，还要靠我的大脑提供 1/4 的运算力来进行后期 PS 图像处理软件处理，"脑补"出被阴影遮挡的图像，而且还在我的视网膜上留下一个大大的视觉盲区。

要是所有动物的视网膜都贴反也就罢了，为什么章鱼的视网膜是正的？你为何厚此薄彼？逗我玩呢？

第二，为什么我的喉返神经要穿过心脏的大动脉血管绕一大圈才能到达我的下颚，直接穿过来不好吗？我咽口唾沫也要这么费劲！

我作为人也就罢了，你知道你给长颈鹿和恐龙造成了多大的心理阴影吗？长颈鹿的脖子长 1.9 米，那它的喉返神经长度就接近 4 米；马门溪龙的脖子长 10 米多，那它的喉返神经长度就超过 20 米。所以别笑话人家的反射弧长了，人家的反射弧是真的长啊。

第三，为什么我的气管和食道要共用一个开口，吃饭的时候很容易噎住，你知道吗？会死人的，你知道吗？每年有多少人因呕吐物流入气管而窒息死亡，你知道吗？

第四，我的太阳穴，这么重要的部位为何头骨就几毫米厚，里面就是大脑、神经和各种动脉血管，一个肘击就能要我的命，你知道吗？

·摘自《读者》（校园版）2019 年第 15 期·

你为什么讨厌自己的声音

探　索

在用社交软件和别人语音聊天时，会发现自己被录下的声音很陌生，和原先认为的大相径庭；在用唱歌软件录制自己的歌声并上传后，却听到自己的音色和想象中的完全不一样，连忙尴尬地删除。

究竟是什么原因造成了这样的差异呢？我们首先要知道的是，声音的传导主要有两个渠道。

第一个渠道是空气传导。当外界出现嘈杂的声音时，这些声音首先会通过耳朵的外耳道振动鼓膜，再通过鼓膜传导到听觉感受器中，最后通过感受器中的听觉神经将声波信号转换成电信号，传导到大脑皮层，声音就这样被听到了。我们听自己的录音，或者别人听我们的声音，都是通过空气传导。

第二个渠道是骨传导。当我们自己发出声音时，声音会通过中耳的听小骨传递到颅骨，再由颅骨传递到听觉感受器，经听觉神经在大脑皮层感知声音。

我们说话时听到的自己的声音，就是通过骨传导被大脑接收的。

空气传导也好，骨传导也罢，究竟哪个声音才是自己最真实的声音呢？

其实，你自己说话时通过骨传导被大脑接收的声音，才是你最本真的声音。声波在固态物质中传递的速度最快，因为固态物质微粒之间的间距比气态和液态物质的小，微粒振动时的能量能够紧密传递下去，所以声波在颅骨中传播的能量不会有太多损失，音调、响度、音色都最接近真实。

而声音在空气中传导时，能量损失较大，因为声波在空气中传递得最慢，振动的能量有很大部分会被空气中的分子吸收，音调、响度、音色都会发生改变。

习惯了自己真实的声音，听到失真的当然会感到厌恶。

·摘自《读者》（校园版）2019 年第 17 期·

人体内的"动物园"

宇 辰

我们的身体是一个微生物物种多样化的家园，它们的种类和数量之多令人惊讶，对我们的身体健康乃至心理健康，都会产生很大影响。

让我们一起来看看这个人体"动物园"里都有些什么。

眼睫毛螨虫

这是一种叫作"蠕形螨"的螨虫，它们的样子就像长有8条腿的鼻涕虫。蠕形螨是蜘蛛的近亲，成虫长度只有0.4毫米。有两个种类的蠕形螨主要生活在人的面部，会引起红斑痤疮等皮肤病。

肥胖者体内的细菌构成

人体肠道平均有大约 160 种不同种类的细菌，总重量达 15 千克。西方人群中以厚壁菌门和拟杆菌为主，它们分解碳水化合物，生成人体必需的营养物质,如维生素 B。肥胖人群体内的厚壁菌门细菌高于平均水平，但拟杆菌低于平均水平。

死亡微生物群落

艰难梭状芽孢杆菌（引起腹泻）和肉毒杆菌（引发肉毒中毒）等细菌在人类的"死亡微生物群落"中大量存在。死亡微生物群落是在人死亡后接管人体"动物园"的微生物大军。

影响大脑的微生物

肠道微生物群落还可能对人的心理健康产生影响。研究发现，一些抑郁症患者肠道内粪球菌属细菌和杆菌属细菌的数量均低于平均水平。

可能导致阿尔茨海默病的细菌引起牙龈疾病的卟啉单胞菌在阿尔茨海默病的发病机制中可能起着一定作用。

·摘自《读者》（校园版）2019 年第 17 期·

为什么自己胳肢自己不管用

大卫·伊格尔曼

你不感到奇怪吗？无论你怎么胳肢自己，即使搔自己的脚心或是胳肢窝都不能使你发笑。

要了解其中的原因，先要多了解一些关于大脑是如何运转的知识。大脑的一项主要任务是猜测接下来要发生的事情。当你忙于日常活动时，比如下楼梯或吃早餐时，大脑的某些部分总在不停地进行预测。

还记得自己第一次学骑自行车的样子吗？起先，你要集中精力稳住车把并使劲蹬脚镫子，但过了一阵子，骑车变得轻松了，你不再注意自己骑车的动作了。通过积累经验，大脑对你骑车的动作了如指掌，能预测出你所有的动作，这样，身体便能自动骑行了。

只有在遇到外界情况变化时（比如刮起一阵强风，或者你的车胎瘪了什么的），大脑才会想起骑车这件事来。当发生这些意外事件的时候，大脑便被迫改变原先的预测。如果它干得漂亮，你的身体就会因为强风做出调整：向前倾斜，保持平衡。

为什么预测下一步的情况对我们的大脑如此重要呢？因为这能帮助人们少犯错误，甚至能挽救性命。

例如，消防队长一看到火灾，就要立刻做出决定，将消防队员布置到最利于灭火的位置上。他以往的经验能帮他预见到接下来发生的事情，从而选择最好的方案去扑灭大火。他的大脑也会迅速预测出不同的方案所产生的效果，排除那些危险而糟糕的方案，不让队员冒生命危险。

说了这么多，到底跟挠痒痒有什么关系呢？

由于大脑总是在预测自己身体的行为与感受，使你无法胳肢自己；而外人胳肢你时往往出人意料，使你无法预测他的动作，因而会令你笑个不停。

这一现象还可以导出一个有趣的事实：如果你造一台机器，通过它，你可以摆动一根羽毛，不过羽毛的摆动会因机器延迟一秒，这样你胳肢自己便会发笑了。因为你行动的结果令大脑感到意外了。

·摘自《读者》（校园版）2019 年第 18 期·

人为什么会晒成黑色而不是别的颜色

怪 罗

实际上，阳光会损害我们的 DNA，而身体会通过制造皮肤色素来保护自己。皮肤色素氧化后的表现就是变成黑色。

我们知道阳光中有一种人类看不见的光波叫作紫外线，紫外线会对我们产生两个影响：它们会导致皮肤癌，但它们也会和皮肤中的其他化学物质中和成维生素 D。

每天晒几分钟太阳，会给皮肤黝黑的人提供足够的维生素 D。如果超出一定的限度，紫外线对于皮肤来说是弊大于利的。

暴露在紫外线下会导致某些皮肤细胞产生黑色素，而黑色素经过氧化后就会变黑。

如果长时间晒太阳，这些细胞就会迁移到离皮肤表面更近的地方，产生更多的黑色素，使皮肤进一步变黑，变成棕褐色。

这些黑色素会吸收紫外线，以防止皮肤组织进一步被渗透。它吸收热量，这是冷血生物所必需的。它为鸟类羽毛、鱼鳞和乌贼墨汁上色，并有助于夜行动物隐蔽自己。黑色素甚至可以吸收眼睛里分散的光线来增强视力。

似乎只有人类才会为了一点点额外的表面色素而冒险让皮肤受损。我们该意识到，通过暴晒得到看似健康的肤色可能并不是明智的选择。

·摘自《读者》（校园版）2019 年第 19 期·

·114

第一部人体解剖书的诞生

梁　衡

科学发展的过程，就是人类不断战胜愚昧、获得真知的过程。在中世纪的欧洲，像对天体无知一样，人们对自己的身体也同样无知。同样像对宇宙结构的解释有一个权威——托勒密一样，对人体的解释也有一个权威——公元 2 世纪时的古罗马医学家盖仑。

欧洲文艺复兴一开始，科学家便形成了两支纵队：一支是以哥白尼为先锋，向托勒密进攻的天文纵队；另一支则是以维萨留斯为先锋的人体研究纵队。事有凑巧，1543 年，哥白尼出版了一本《天体运行论》，而维萨留斯出版了一本《人体结构》。请各位读者注意，一定要记住 1543 年这一划时代的重要年份，这一年标志着文艺复兴的开始、近代科学的开端。就在这一年，这两支近代科学史上的大军便分兵誓师，开始了各自的进袭。

1536年，在比利时卢万城外有一座专门处死犯人的绞刑架。白天行刑之后，到晚上还没有人来认领的尸首便如葫芦一样吊在架上。只要风一吹，那死尸便轻轻地打起秋千。四周都是荒草野坟，鬼火闪闪，就是吃了豹子胆的人也不敢在夜间走近这里一步。

这天刚处死了几个盗贼。后半夜时分，一弯残月如弓如钩挂在天边，城墙在月下显出一个庞大的黑影，绞架上的尸体直挺挺的，像几根棍子一样垂着。

突然，城门洞下几声犬吠，城墙上蜷缩着的哨兵探身往外看看，没有什么动静，一切照旧，只是四周更加寂静，不觉背上泛起一股冰凉，忙又缩到垛口下面去。这时，绞架下的草丛里突然蹿出一个蒙面黑影，他三步并作两步跳到架下，从腰间抽出一把钢刀，只见钢刀在月光下倏地一闪，绞索就被砍断了，一具尸体直直地落下，栽倒在草丛里。

这人将刀往腰里一插，上去抓住死人的两臂，一个"倒背口袋"，疾跑而去。这时城下的狗又叫起来，一声，两声，顿时吠成一片。城上的哨兵猛地站起，大喝一声："谁？"接着就听见巡逻的马队从城门里冲出来追了上去。那人背着这样一具沉重的尸体，顺着城墙根走上一条城外的小路，开始还慢跑快走，后来渐渐体力不支。眼看着马队就要赶上来，只见他一斜身子，死人落地，接着飞起一刀斩下人头，提在手里飞也似的钻进一片黑暗中，不知去向。

第二天，卢万城门上贴出一张告示，严申旧法——盗尸者判死刑，并重金悬赏捉拿昨夜那个盗尸不成，居然偷去一颗人头的人。士兵在绞刑架旁布下暗哨，定要侦破这件奇案。城里的老百姓在茶余饭后也都谈论着这件怪事。

　　几天之后,这事渐渐再无人议论。这天晚上,有个士兵挂着刀、袖着手,在离绞刑架不远的地方放哨。说是准备抓人,倒像是怕随时被鬼抓去一样,吓得缩成一团,过好大一会儿才敢抬起头来瞅一眼绞刑架上挂着的死尸。就这样不知过了多久,当他再一次战战兢兢地回头一望时,原来分明吊着的两具尸体,怎么突然有一具不翼而飞! 他一转身,看见城墙根下好像有一个人影。他急忙握紧刀柄,给自己壮胆,紧走两步跟了上去,但是又不敢十分靠近。

　　就这样,士兵若即若离地跟着那个影子,跟进一所院子,只见前面的人下到一个地道里去了。这是一个不大的地道,他迈下三九二十七个台阶,再走九九八十一步,右边是一个密室,门关着,门缝里射出一线灯光。士兵蹑手蹑脚摸到门前,将眼睛对准门缝,往里一瞧,不看犹可,一看舌头伸出来就再也缩不回去。只见刚才跟踪的那个人坐在死人堆里,他的右手握着一把刀,左手搂着一条刚砍下的大腿,血淋淋的。桌上摆的,不是人的头骨就是手臂。

　　各位读者,你知道这人是谁? 他就是维萨留斯。这时他还只是一个18岁的学生,但他对学校里传授的人体知识充满怀疑。那时的医学院全是盖仑的旧书,而这个盖仑一生只解剖过猪、羊、狗,从未解剖过人体。既然没有解剖过,那书中所得又有何根据? 维萨留斯年轻气盛,决心冒险解剖人体来看个究竟。

　　法律规定盗尸将处以死刑,这种既触犯教规又违反法律的事必须极其保密才行,因此他就在自家院子的地窖里设了这间密室,偷了死人,解剖研究。不想今天不慎,事情败露。他听见响动,推门出来,忙将那个已吓昏的士兵扶起,灌了几口凉水。士兵慢慢睁开双眼,不知这里是人间还是地府。维萨留斯拿出一些钱打发他快走。这士兵一是得了钱,二是看着这个地方着实可怕，便答应他不向外说。维萨留斯知道这个地方再也待不下去，便赶忙收拾行装到巴黎去了。

来到巴黎医学院，维萨留斯便专攻解剖。这里倒是有解剖课，但讲课老师巩特尔自己并不动手，只让学生死背盖仑的教条，偶尔遇有解剖时，便由一个理发师来做。说来好笑，那时的理发师和外科医生是同一个行当，由此可知当时外科医生的地位是十分低下的。

这天，巩特尔又带着一个理发师来上课，他将盖仑的讲义往桌上一放，连看也不看一眼便给学生背了起来。维萨留斯腾地一下站起来说："我们实在不想听了，你每天总是这一套，像乌鸦坐在高高的椅子上，呱呱地叫个不停，还自以为了不起。"其他学生也都跟着起哄。巩特尔只好带着理发师愤愤离场。

巴黎医学院也是当时欧洲有名的学府，却也这样荒唐，维萨留斯看着实在学不到东西，便愤然而去。

1537 年年末，维萨留斯被当时欧洲的医学中心——意大利的帕多亚大学医学部聘请为教师，专门讲授解剖学。这里的条件稍好一些，他把自己多年辛苦积累下来的资料悉心进行钻研整理，开始写一本关于人体构造的书。1543 年，这本名为《人体结构》的书终于出版了。书中破天荒的第一次将人的骨肉、内脏准确地表示了出来。

更让人惊奇的是，除文字外，这本书还有 300 张精致的木刻插图、3 张全身骨骼图、44 张肌肉图。这些图和现在的解剖图不同，竟还带有一点儿感情色彩，例如全身骨骼图竟是一个农夫的形象，站在那美丽的田园背景之中，带着劳动后的疲倦，七分沉思，三分悲哀，明显带有文艺复兴时期艺术与科学相统一的传统。

维萨留斯从盗尸割头到出走巴黎，再转到帕多亚，多年的辛苦总算没有白费，他在这本书中指出了盖仑的 200 多处错误。他上解剖课，现场操作，仔细讲解，毫不留情地指责旧医学的陈腐。一次讲课中，他将盖仑的文献随手一扬，像撒传单一样抛向空中，说："这些全是一堆废纸，我们学它还有何用？"他又指着解剖标本说："真正的知识在这里。我们不应该只靠书本，要学会靠自己的眼睛去观察，用自己的手亲自去触摸，这才是真知呀！"

维萨留斯这样大胆地著书讲学倒是痛快，但是教会哪能容得下他这个狂人。他们先是鼓动舆论对他进行讽刺攻击，后来干脆缺席宣判了他的死刑。

这天，维萨留斯知道了教会要迫害他的消息，便夹着《人体结构》来上课。他站到讲台前，目光扫视了一圈这些年轻人。他们中的许多人正是自己当年盗尸求知的年龄，许多人是慕他之名而来学习的，想到这些，维萨留斯的泪珠在眼眶里滚动。学生见敬爱的老师半天无语，不知出了何事。这时，维萨留斯走到壁炉前点起一团火苗，然后将书抖开，一下燃成一团大火。学生们这才知道老师今天要烧自己的著作，急忙上去抢。维萨留斯却以目光制止，说了一句："我永远不能为你们上课了！"

·摘自《读者》（校园版）2019 年第 21 期·

肠道细菌让你成为更好的跑步者

亚当·沃恩

　　如今，世界各地纷纷举办各种马拉松比赛，人们对跑步的热情也很高。想要成为一个更好的跑步者，除了勤加锻炼以外，还有一个因素也很重要，那就是你肠道中的细菌。

　　一直以来，我们都认为运动可以改变肠道的微生物群，但事实可能相反，微生物群其实是影响我们身体表现的一个重要因素。美国哈佛大学的一个研究小组在马拉松选手的粪便样品中，发现了一种名为韦荣球菌的肠道细菌。研究人员将该细菌移植在小鼠的身上，结果这些小鼠的跑步时间比普通小鼠长了13%。研究小组提出，这种细菌有助于分解乳酸，而乳酸是导致人们跑步疲劳的主要因素。也许这种细菌以后可以放入微生物补充剂中，改变我们肠道的微生物群，让我们成为更好的跑步者。

·摘自《读者》（校园版）2019 年第 21 期·

古代没有天气预报，人们靠什么识别阴晴

孔子学院总部

天气预报为现代人们的生活带来了极大便利。第二天如果要出行，我们前一天看看天气预报就知道明天是否会下雨、要不要带雨伞，或者是否会降温、要不要多穿衣服，等等。那么，古代没有天气预报，人们是靠什么来预测天气状况的呢？

天上的云，姿态万千，变幻无常。古人常通过看云来识别阴晴风雨，预知天气变化。《诗经·小雅》曰："上天同云。雨雪雰雰。"意思是说，下雪的云，在天空中是均匀一色的。下雪前，云层常常是比较均匀的高层云；而当下雪时，就变成雨层云了，云的分布同样也比较均匀。

夏季下大雨的云一般是怎样的呢？

北宋苏轼形容："满座顽云拨不开……浙东飞雨过江来。"这里的"顽

云"，就是现在说的聚集浓密、含雨量丰富的积雨云。唐代李肇的《国史补》中有"暴风之候，有炮车云"的记载。这种云底平坦，云顶隆起，群峰争奇，渐渐向顶部伸展，呈砧状，很像炮车。当这种结构最终形成时，那绝对就是对流强烈的积雨云。

古人还根据云层的形状、薄厚、颜色及其变化，总结出一系列"看云识天气"的谚语。如"天有城堡云，地上雷雨临"，其中的"城堡云"和"炮车云"形状相仿，都是可以产生雷阵雨的云体。不仅有"看云预测雨"，也有"看云预测晴"。如"天上鱼鳞斑，晒谷不用翻"，这里的"鱼鳞斑"指的是一种透光高积云。这种云体比较高，也不厚，一般预示着持续晴日。

唐代黄子发的《相雨书》，收集了唐代以前的一些天气预测经验，有些至今还很有价值。例如书中说：云中出现黑色和红色，就会下冰雹。现在进行人工防雹作业时，也须判断是否有雹云。雹云的颜色先是顶白底黑，然后云中出现红色，形成白、黑、红的乱纹云丝，云边呈土黄色。

可见，对可能下冰雹的云的颜色，古今描述基本一致。

古人还依靠手工描摹和文字说明，制作出许多云图。目前发现最早的云图，是长沙马王堆三号墓出土的《天文气象杂占》（西汉帛书）和敦煌出土的《占云气书》（唐天宝初年）。明代典籍《正统道藏》中有《雨畅气候亲机》《雨晒气候亲机》两篇，内有云图39幅。

明清时期的《白猿献三光图》有132幅云图，每幅图上都有说明，以日、月、星和银河作背景，根据各种云的特征和变化，描绘成云图，可用于天气预报，而且绝大部分图文都符合现代气象观测学基本原理。

古代文人也有自己的看云心得。陆机《浮云赋》用"有轻虚之艳象，无实体之真形"，描绘了游移于空中的浮云。

　　云和雨往往是不可分的。西汉董仲舒在《雨雹对》中说："攒聚相合，其体稍重，故雨乘虚而坠。风多则合速，故雨大而疏；风少则合迟，故雨细而密。"从微观角度说明雨滴的形成过程，基本上和现代暖云降雨理论相符。

　　古代诗人还知道云中含水的常识——"纵使晴明无雨色，入云深处亦沾衣"，同时似乎也清楚云雨转换之道理——"云腾致雨，露结为霜"。

　　这些中国古代的观天看云识晴雨的方法，如今很多地方依旧在用。

人和仪器，谁的嗅觉更厉害

苏光路

今年 38 岁的纽约职场女性珍妮特·琼斯，已经记不清她灵敏的嗅觉给自己和朋友带来过多少窘迫和尴尬了。比如，同事在办公室给大家分发巧克力，别人都吃得津津有味、欲罢不能，唯有她感到鼻腔内充满了明显的油脂氧化后的哈喇子味儿。她仔细查看包装，发现巧克力已经过了保质期。某天，办公室隔壁卫生间的下水管堵塞了，工人维修时飘来的气味让她坐立不安，不得不找借口离开办公室。她的同事却毫无感觉，全然不受影响。珍妮特的鼻子都胜过警犬了，同事们开玩笑说有机会一定要把她推荐给缉毒局，让她人尽其才。

日本恐怖狂徒麻原彰晃在东京地铁站实施毒气袭击后，美国白宫特勤局发布招聘启事，想招募一名嗅觉灵敏的嗅探专员，专门负责总统在白宫主要活动房间的嗅探工作，避免潜在危险的发生。珍妮特在同事的怂恿下前去应聘，竟然被顺利录用了。

美国白宫特勤局对珍妮特等 28 名应聘者的考核内容主要有两项。第一项是根据气味，给 10 件衣服做归纳分类。珍妮特将 10 件衣服仔细闻过一遍后，精确地发现其中 9 件衣服属于同一个男人。第二项考核的内容颇有难度，要求应聘者在楼道内缓步经过 10 个开着门的房间，最后确定一个盛装尿液的容器在哪个房间。最终珍妮特击败所有竞争者，脱颖而出。

嗅觉是一种感觉，由两种感觉系统参与，即嗅神经系统和鼻三叉神经系统。嗅觉和味觉会整合并互相影响。嗅觉是外激素通信实现的前提，是一种远感，是通过长距离感受化学刺激的感觉。相比之下，味觉是一种近感。

随着国际反恐形势的好转，珍妮特的嗅探工作重心从有害化学物质转向生活用品的甄别。准确地说，白宫的所有食材及日用品，在分发使用前都必须经过她的嗅觉鉴别。其中肉类品质的鉴别确认，占据她近一半以上的工作时间。

肉类的腐烂变质，大多是由微生物滋生造成的。这些微生物会一边"大快朵颐"，一边"排泄气味"。它们分解肉类中的蛋白质，释放出氨气、腐胺、尸胺等气体分子，嗅觉稍灵敏者对此都会有所察觉。需要珍妮特超常嗅觉鉴别的是刚开始腐败，或者即将发生变质的肉类，这时的气味还没有那么明显，绝大多数人根本无法察觉。吃下这样的肉类，仍会对人的健康造成不良影响。

好在白宫近日引进了一种名为纳米传感器的仪器，实时监控食品安全，才使珍妮特的工作重新步入正轨。

这是由中美科学家共同研制出的一款高科技产品。研究中，两国科学家发现了一种名为"对甲苯磺酸铁六水合物"的试剂，对食品散发出的异味十分敏感。于是，科学家就将这种试剂掺杂进聚苯胺编制成的纳米网络中——聚苯胺是一种很神奇的高分子材料，不仅化学性质稳定，还能导电，所以被广泛运用在电池和传感器中。科学家把这种纳米级的"探味"材料和设计好的微型电路拼装起来，就制成了"异味"纳米传感器。使用时，将传感器和肉类等食品放在一起，传感器一旦探测到空气中的"异味"分子，就会产生一个电信号。这个电信号被特定的芯片接收处理，再通过电波发送至检测者的手机上。

据说，这种纳米传感器的检测精度可以达到5ppm（百万分之一）。也就是说，100万个空气分子中只要有5个异味分子，它就能探测出来。人类的嗅觉再灵敏，也难与它相提并论。

受到纳米传感器发明的启发，以色列纳米研究专家马坦·巴拉米发现，与腐败肉类相似，炸药也会"时刻散发独特的小分子"。应以色列军方请求，巴拉米一直在寻找能探测炸药"气味分子"的材料。

传统的TNT炸药的"气味分子"就是一些含有硝酸根的分子。巴拉米发现"3–氨基丙基三乙氧基硅烷"这种材料，对TNT的"气味分子"十分敏感。而且，每种常见的炸药都可以被某种特定的材料探测到。比如，RDX是著名的"C4"炸药的主要成分；而HMX常被用作核武器的起爆炸药。

很快，侦测不同炸药的专用检测仪器，便被安装在以色列的本·古里安机场。该仪器使用不到一周，便检测出4种可疑爆炸装置。由此可见，该机场无疑是世界上受恐怖分子特别关注的机场之一。

最近，珍妮特·琼斯又开始关注时代广场上的招聘信息，她清楚地预感到，自己靠灵敏嗅觉吃饭的日子可能不会太长了。这种预感，不用特别超常的鼻子也能嗅得到。

为什么人思考的时候爱挠头

大科技

　　人们在思考时挠头其实是自然界中常见的一种现象，生物学家称之为转移行为。在这种行为中，当动物无法在两个相互冲突的选项中做出选择时，会将二者都不选，而做出一些不相关的行为。例如，生物学家曾经观察到：海鸥在争夺领地的冲突中，突然开始整理羽毛；一只不确定攻击还是逃跑的云雀突然开始啄地面，然后继续打架。包括梳理毛发在内的转移行为是面临压力和恐惧时的表现，而这些抚慰性的身体接触或熟悉的日常行为，能够安抚动物。

　　不过，一些转移行为已经演变成动物用来表达情感状态的非语言的一部分。2017 年，英国朴次茅斯大学的一项研究发现，猕猴在受到压力时会挠头，这是一种信号，让其他猕猴不太可能攻击或骚扰它们。因此，我们从祖先那里继承了这种社交暗示，或许也是为了警告其他人，当我们努力思考时，不要打扰我们。

·摘自《读者》（校园版）2019 年第 22 期·

"懒惰"是大脑的天性

【日】菅原道仁

吴梦怡　编译

说起大脑，大家的第一印象是什么呢？

思维与理性的管理员？控制语言与身体行为的司令塔？亦或是重要事务的记录者？

可能许多人认为大脑天生勤奋、专一，且具有达成目标的高效执行力。

事实上，人们过高评价了大脑。

可以毫不夸张地说，大脑天生懒惰，喜欢随大流，且经不起诱惑。

这种消极的评价正符合大脑的天性。

例如，缺乏干劲儿的人即使被托付了重要工作，也不会深入思考相关内容，只会采用和以前一样的方式，尽可能轻松地完成工作。

你可能会感到惊讶，但这个比喻恰如其分。

很遗憾，人类的大脑生来极其"懒惰"。

大脑偏爱固定的处理模式，倾向于避开全新的挑战或不熟悉的事务，一有机会就钻空子偷懒。无论是优秀的人还是勤奋的人，其大脑本质上都具有"惰性"。

大脑为什么喜欢固定的工作流程呢？

原因之一在于大脑的"高能耗"。

成年人的大脑大约重 1.4 千克（相当于体重的 2%）。但在能耗方面，大脑竟消耗了人体一日所需能量的 20% 左右。

除大脑以外，其他人体器官均无须消耗如此高的能量。

正是大脑"高能耗"的特点，才使其养成了"一切尽可能自动处理"的习惯。

换言之，大脑的"惰性"合情合理。

·摘自《读者》（校园版）2019 年第 23 期·

默读时大脑在发声

韩三苏

通常，我们称不出声的读书方式为"默读"。从阅读史的角度来看，读书方式一直是从朗读向默读方向发展的。在整个社会处于口述时代时，由于人们识字率低、书籍少，所以才会以口头说书和公开朗读为主。而默读方式是由书籍的增多和社会文化水平的提高带来的，它在读者与书籍之间建立了更自由、更亲密的联系。而且因为跳过了声音，人们的阅读速度更快了。

当我们在默读时，嘴唇几乎是不动的，声带也不振动，旁人听不到我们发出的声响——那这意味着，我们没有在发声吗？不是，因为即使你的声带没有振动，你大脑中掌管声音的区域也没闲着，同样在产生"脑内人声"，并且这种默读产生的声音还会与读者自己平常的声音相似。有时,读者也能模仿文本中刻画的声音特色,让"脑内人声"发生一点儿变化。比方说,如果读者知道文章的作者是山西人,那么他很可能会在脑海中生成与山西口音更接近的声音。

此外,因为默读仍然产生"脑内人声",它还有从声音到文字理解的转化步骤,所以默读并不是最快的阅读方法。那么,有没有更快的阅读方法呢?有,速读就是一种"眼脑直映"的方式。它将文字信息产生的图像直接反映到脑中,让右脑以图像的形式记住,然后直接进行解析。因为它省略了文字和声音转换的环节,所以能够使阅读速度加快。怎样能学会速读呢?其实也简单,努力练习去掉默读的"脑内人声"就可以了,这将是一个质的飞跃。

·摘自《读者》(校园版)2019 年第 23 期·

观众喧闹时，运动员如何集中注意力

【英】科林·蒙哥马利

杜　冰　编译

　　我是个高尔夫球手，和很多别的球类运动不同，高尔夫是一项个人运动，比赛中的许多挑战来自精神方面。在每一站巡回赛中，你都要专心致志地比赛，因而不会太留意周围的动静——看高尔夫的观众普遍非常懂行并有礼貌。如果你引得一大群观众跟着你，虽有些喧闹，却通常表明你打得很好，所以没什么可抱怨的。

　　在雷德杯那样的团体比赛上，观众往往很多。他们有时也像足球迷那般喧闹，到处是呐喊声和歌声，制造出巨大的声浪。当你身处主场时，观众的助威会激励你出色发挥，加快你的肾上腺素分泌，没有比观众齐声呼喊你的名字更好的事情了；当你面对客场观众时，那可真是考验神经，有些观众很不友好,这使你的注意力更加难以集中。此时你不能心生恼怒,只能尽量不为所动,或者将之转化为动力,激励你发挥得更加出色。

集中注意力的最好方法是忘记你周围发生的所有事情,只专心思考你的下一次击球。你还必须学会信任观众,希望没人打算在你挥杆时或推杆前大声嚷嚷。

我认为,经历的大场面越多,便越容易集中精力。你会对观众的欢呼和喧闹习以为常。而且不要忘了,我们成年累月地训练,就是为了在那样的场合一展身手。如果你想成为最好的球手,就应该渴望观众观看自己的比赛,并为自己喝彩,因为那意味着你打得很好,大有机会赢得锦标。

·摘自《读者》(校园版)2019 年第 23 期·

你长得像你的名字吗

韩晓晨

如果你的名字里带个"石"字，你就会长得像块石头吗？有可能！而且别人也可能这么认为。美国心理学会近期发表的一项研究结果表明，人们正确匹配他人姓名和面孔的概率高于随机水平，而这样的结果可能与我们附着于名字的文化刻板印象有关。

最近，以色列希伯来大学的研究者开展了包含数百名以色列和法国受试者的系列实验。在实验中，研究人员对受试者出示了一张照片和一份列有四五个名字的名单，请受试者从中选出与照片匹配的名字。结果发现，在每一次实验中，受试者正确匹配的概率（25%~40%）都显著高于"歪打正着"的随机水平（20%~25%，各实验有所不同）。

对于这样的结果，研究者认为，部分原因在于人们的名字与"文化刻板印象"相关，因为"看脸识名"的现象具有一定的文化特异性。比如在其中一个实验中，受试者都是来自法国和以色列的学生。结果发现，法国学生只在匹配法语名字与法国面孔方面准确度高于随机水平，而以色列学生只在匹配希伯来语名字与以色列面孔方面优于随机水平。

在另一个实验中，研究者"训练"一台计算机对面孔与名字进行匹配。尽管需要识别的面孔图片多达9.4万张，计算机还是达到了54%~64%的正确率，显著高于该实验50%的随机水平。

在这些研究者看来，人们的名字在面孔上的"显现"，有可能是由于人们无意识地迎合文化规范和线索，进而改变着自己的容貌。

"我们对其他社会刻板印象导致的适应过程已经很熟悉了，比如种族特性和性别特征，就是影响和塑造我们的外来的刻板期待。"研究者解释道，"此前的研究者已经发现了一些与名字相关的文化刻板印象，其中也包括某些人看上去应该像什么样子。比如说，相比叫'蒂姆'的人，人们更倾向于将叫'鲍勃'的人想象为长着一张圆脸的样子。我们相信长此以往，这种刻板印象也会对人们的面貌产生影响。"

这一结论也获得了一项实验的支持：研究者发现，像发型等可以被人们控制和改变的头部、面部区域，就足以产生上述效应。

"综上所述，这些研究告诉我们，面孔外观反映了'叫某个名字的人应该长什么样'的社会期待。通过这种机制，社会标签可能真会影响人们的相貌。"该研究的参与者、希伯来大学的鲁思·梅奥博士表示，"我们从出生的那一刻起，就注定开始被纳入社会结构之中。影响我们的不仅是性别差异、种族属性和社会经济地位，甚至还有他人为我们取的名字。"

·摘自《读者》(校园版)2018年第3期·

为什么人类的眼睛不能是五颜六色的

叶　子

很多动物都有着颜色艳丽的眼睛，如猫头鹰有着惊人的金色眼睛，猫咪有绿色、黄色或橙色的眼睛。那么，为什么人类的眼睛就不能是五颜六色的呢？

美国伦诺克斯山医院的眼科医生马克·弗洛默指出："事实上，这些动物颜色各异的眼睛和人类的眼睛并没有太大的不同。"

当我们讨论眼睛的颜色时，我们所指的其实是虹膜的颜色，即眼睛中的一圈环状肌肉（括约肌）的颜色。弗洛默说："如果虹膜中含有大量的黑色素，眼睛就会呈现出棕色。随着黑色素含量的降低，眼睛就会呈现出淡褐色、绿色或蓝色。"

弗洛默指出，动物的眼睛颜色也遵守了这一规律。

　　"橙色其实就是琥珀色，金色则是棕色的一类变种。"弗洛默说道，"它们都是一连串很常见颜色的变种。从棕色开始，逐渐变成琥珀色、浅棕色，再到绿色和蓝色。"有着明亮绿色眼睛的猫咪并不鲜见。

　　当然也有少数例外，红眼树蛙就是其中之一。红色并不属于上述的虹膜颜色序列。很多人有这样一种误解，认为白化病患者的眼睛都是红色的。但事实上，由于白化病患者体内控制黑色素形成的那部分基因失去了功能，他们的虹膜中不含有任何色素，他们眼睛的红色其实是为虹膜供血的血管的颜色。

　　至于著名演员伊丽莎白·泰勒拥有紫色眼睛的传闻，弗洛默表示，他从未听说过，或者亲眼见过谁有紫色的眼睛。但根据他的揣测，如果某人原本有着浅蓝色的眼睛，红色的血管又很发达的话，那么蓝色和红色混合，就呈现出紫色了。

　　他还补充说："当人的瞳孔扩张或收缩时，眼睛的颜色或许也会随之变化。当瞳孔扩张时（即瞳孔放大，让更多的光线进来），虹膜处于收缩状态，此时由于黑色素的密度变大，眼睛的颜色便有可能会加深一些。"与之相反，当瞳孔收缩时，虹膜便会舒张，眼睛的颜色也会因此变浅。

　　不过，弗洛默指出，无论虹膜如何舒张或收缩，人类的眼睛都几乎不可能呈现出猫头鹰或猫咪的眼睛那样的颜色。

天籁回音穿越千年玛雅

丛　沛

击掌引出天籁回音

"玛雅"是个神秘的代名词,在历史的长河中,它的存在有如昙花一现,却留给后人一个又一个惊叹。在以往的考古发现中,视觉上的享受往往掩盖了其他感官的体验。当人们发现,在玛雅还有一种声音可以穿越千年与我们对话,那种感动让人恍惚间觉得神真的存在。

羽蛇神金字塔是玛雅人建造的最大的金字塔,它矗立在墨西哥最负盛名的玛雅文化遗址奇琴伊察的中心。如果你想聆听这座千年神殿的歌唱,很简单,你只要站在它的塔基前清脆地击一下掌,神殿就会回应以"唧唧呜呜"的鸣唱。玛雅人说,这声音是玛雅神鸟绿咬鹃的叫声,是上帝借神鸟之声传来的信息。

1998年，美国声学工程师鲁伯曼前往那里亲耳听到了金字塔的回音，并把它录制下来。他将这个声音与绿咬鹃的叫声进行对比，结果令人大为惊叹。这两种声音无论从音质、音频还是音长、谐音全都十分类似，虽然并非完全一致，但实在令人称奇！

玛雅人的声音世界

玛雅人生活的热带雨林常年大雾弥漫，耳之所及远远超越目之所及，所以对于他们来说辨别各种声音的能力也许比眼力更重要。与大自然朝夕相处的古代玛雅人对各种天籁之音再熟悉不过，对每一种动物、每一种昆虫、每一种飞禽的声音他们都了如指掌。而其中最令玛雅人倾心的，无疑是绿咬鹃的叫声。

绿咬鹃的确配得上玛雅人的宠爱，雄性的绿咬鹃长得异常完美，羽毛红绿相间，身长40厘米左右，尾部的羽毛长度却将近1米。如果你看见绿咬鹃在空中托着绿色的"舞裙"滑过，你就会明白，为什么玛雅人对它爱到了极致。对于古代的玛雅人来说，绿咬鹃是自由和财富的象征。因为绿咬鹃一旦被关进笼子里就会以死相抗；它尾部的羽毛也是玛雅人用来进行贸易交换的重要物件。不过玛雅人从来不自绝后路，他们取下绿咬鹃尾部的羽毛后会把绿咬鹃放飞，让它们有时间长出新的羽毛，杀死绿咬鹃的人会被处死。

随着玛雅文明的消失，绿咬鹃也处于濒临灭绝的境地，虽然它现在是危地马拉的国鸟，可是人们还是担心，不知哪一天它会像玛雅文明一样悄然离去。

最古老的录音带

了解了玛雅人对绿咬鹃的热爱，也就不难理解金字塔发出鸟鸣回音的缘由。只是如此不可思议的音乐是怎样通过建筑奏响的呢？

古代玛雅人的金字塔与古代埃及人的金字塔有着明显的不同。埃及的金字塔大部分为尖顶的方锥形，而玛雅人的金字塔呈阶梯形上升收拢，最上层为平台，在平台上再建造庙宇。玛雅人在这里举行仪式，向神灵祈祷或在此观察天体的运行。埃及金字塔是法老的陵墓，所以内部是空心的；而玛雅人的金字塔一般为庙宇的巨大台基，所以是实心体。

羽蛇神金字塔塔基每边长 60 米，塔高 24 米，共分 9 层，顶部建有一座神庙。塔的四面都有台阶，每一面台阶都是 91 级，一直通到塔顶，四面相加共为 364 级，加上平台上进入神庙的一级，总共 365 级，正好与一年的天数相等。北面台阶靠近地面的部分装饰了一个巨大的羽蛇头，"羽蛇神"的"羽"指的就是绿咬鹃的羽毛，可见绿咬鹃在玛雅人心中的地位。

对羽蛇神金字塔的发声原理颇有研究的鲁伯曼宣称，鸟鸣回音的秘密就在于金字塔四面的楼梯设计。

金字塔回音的科学解释

金字塔回音背后的物理解释其实很简单。楼梯属于规则重复的结构。一级一级的台阶组成了一个巨大的"反射式衍射光栅"，当入射声波被它反射后，形成的反射声波再相互作用产生衍射和干涉，变化出有节奏感的旋律。美国声学专家鲁伯曼把这一现象比作"彩虹效应"。一个光学衍射光栅可以把白光转换成为频率不同的彩虹，一个声音衍射光栅也同样可以把各种频率混杂的噪声转变成和谐的旋律。

当然并非所有的楼梯都能形成如此美妙的回音，唯有金字塔有此现象，这说明它必另有独特之处。首先因为它的地理位置比较特殊：处于一个十分开阔的广场，周围没有其他可以吸收声波的障碍物。如果这个空间是封闭的，从其他建筑物反射回来的声波完全可能把美妙的回音掩盖掉。另一个原因是金字塔的楼梯很长。楼梯的台阶越多，音调持续的时间就会越长，金字塔的回音大概可以持续 0.1 秒以上（小于 0.1 秒的回声很难被识别），绿咬鹃的鸣叫一般持续 0.2 秒左右。

不仅如此，别忘了，这座金字塔的回音是"绿咬鹃"的鸣叫，这确实很神奇。古代的玛雅人把这座金字塔当成了琴瑟，塔基上的楼梯就是琴弦，每一次击掌就像一次抚琴。他们精心设计了楼梯的高度和宽度，使每级台阶的跨度很高，但宽度很窄，也许正是这种并不太利于攀登的设计，才使这座"塔琴"具有了天籁回音。

在塔基的选材上，羽蛇神金字塔也有它的独特之处。西班牙科学家受到羽蛇神金字塔的启发，在研究中发现了一种被命名为"声音晶体"的特殊材料，这种材料可以将恼人的噪声转化为悦耳动听的声音。这种"声音晶体"不仅可以吸收和削弱噪音，而且可以将嘈杂的汽车喇叭声转化为安逸的树叶婆娑声。

想一想这些神奇的规律早就被 1000 年前的玛雅人发现，真的令人肃然起敬。

是玛雅人有意为之吗？

虽然很多科学家认为这是玛雅人的天才设计，但还是有很多考古学家提出了质疑，他们认为这不过是玛雅人建筑金字塔时无意间造成的，就像世界上很多其他建筑也会有回音一样。例如位于伯罗奔尼撒半岛的古希腊圆形剧场就是一例，它利用山地的自然斜坡结构建成，舞台地势最低，观众席顺延向上，前后座位间隔 1 米远，这种间隔使舞台上发出的声音通过座位的周期性反射后，听起来总会有低沉的尾音。这种尾音当然不是建筑师设计的初衷，纯属偶然。

金字塔回音到底是玛雅人无心插柳的结果还是精心设计的杰作，无人能够证实，可是，玛雅遗址的其他金字塔同样具有如此神奇的回音，只不过程度和效果不尽相同。想一想 1000 年前，玛雅人在塔前集会，牧师轻轻敲击神器或有力地击掌，金字塔立即回应以动听的绿咬鹃的鸣叫，玛雅人一定相信那就是神的信息！

·摘自《读者》（校园版）2018 年第 5 期·

那张著名的《人类进化图》竟然是错的

张 楠

　　最近，微博上广泛流传的视频《科普：史上被用错最多次的〈人类进化图〉》刷新了缺乏古人类学知识的普通人的认知。那张被很多人熟知的进化图描绘了从猿到人的进化之路。然而，这段科普视频解释说，原作者只是把当时考古发现的一些"人科"的物种按年代排列了一下，图中左边这几位，压根就不是现代人的祖先！这是真的吗？

科普视频打破人类进化历程固有认知

　　许多人都对《人类进化图》印象深刻。在这张图上，画着各种半人半猿的动物的侧影，它们从黑猩猩开始，排成一队，从左到右慢慢直起身子，直到最右侧的人类完全直起身体。最右侧就是包括咱们在内的智人，所以我们总是想当然地认为这张图展示了达尔文进化论中所讲的动物一步步进化为人的过程。但来自科普团队"柴知道"的视频告诉网友，事实并不是这么一回事："比如中间这位代表尼安德特人，他们和智人有共同的祖先，而且一度共同存在于地球上，不过他们由于打不过智人和一些别的因素，最终在 4 万年前灭绝了，所以，智人并不是由尼安德特人进化来的。这张图也不是在讲现代人在不同时期的祖先是谁。"接下来问题来了，这张图是怎么来的呢？视频中提到，1965 年，一本叫《早期人类》的图书出版后获得了不错的销量，这本书用折叠在一起的 4 页纸，展示了当时科学家们通过零碎的化石发现的 15 个与人的进化之路相关的物种，并且标注了他们出现和持续的时间。最开始那张图，就是这张加长版折叠之后的样子。

原来人类的进化历程并不是这样？！ "山顶洞人、周口店北京人在教材中当了我们很多年的祖先，但现在你告诉我们事实不是如此！"《人类简史》等书的畅销显示出人类对自身过去和未来的关注，但这样颠覆"人类起源"的观点，确实刷新了人们的既有认知。"柴知道"的成员之一"一只柿子椒"说："做这个视频，也源于自己获知该观点后的震惊，原来他们并不是人类的祖先，我希望把这个知识分享给更多网友。"

"一只柿子椒"表示，团队成员大多是高校毕业生，做科普类小视频并不赚钱，但大家对此都很热衷，怀揣着"为人类认知进步做一点贡献"的理想走到一起，做各种冷门知识的科普小视频。"我们常常会站在普通大众能接受的角度进行审视和传播。""一只柿子椒"表示，从策划选题到拍摄剪辑视频，团队也会尽量加入一些采访专家的内容。毕竟从网络上一些网友的反映来看，质疑和释疑都要建立在科学论据的基础上。

古人类学专家表示，这张图深深误导了"吃瓜群众"

也有网友对此持将信将疑的态度："那我们到底是怎么来的？""如果人是由猿猴进化来的，那么几万年过去了，为什么猿猴还是猿猴呢？"对此，中国科学院古脊椎动物与古人类研究所古人类学博士崔娅铭解释说："如果你并非生物专业出身，那么你对人类进化的最初和最深刻印象可能来自这张生动的图解。而且你一定看过不止一张，因为它自从诞生以来就被各种改编和恶搞，有的画着猿类好不容易站了起来，最后却又成了'程序猿'，甚至还出现了'辛普森一家'的搞笑版本。"崔娅铭说，很多人类学家和进化学者都对这幅画意见重重，认为这张帮助很多人认识了人类进化过程的图，却也深深误导了对生物学一知半解的"吃瓜群众"。

正如视频中所说，这幅画最初诞生于1965年，是美国自然历史画家鲁道夫·扎灵格为时代公司的"时间与生命"丛书的《早期人类》一册创作的插图。原图名为《进步的行进》。由于原图太长，简化版得以风行。"对于一个没有特殊古人类学知识的普通人来说，最左侧画的就是猿猴，画上的最右侧是我们现代人。这让我们从本能上认为，人类的进化就是从猿猴开始，经过中间一个接一个的进化阶段，最终变成了现代人。但是，进化并不是这样，像一条锁链能一环扣一环的，而是更像一棵树上的枝丫，不断地发散。"崔娅铭打比方说，"大家都知道家谱长啥样，但是现在它变成了这样：外公——爷爷——大叔——二叔——大舅——爸爸——大表哥——大堂哥——二表哥——我。"

为何黑猩猩没有变成人类

具体来说，最初，在达尔文的提示下，人们认为人类就是由现代的猿类进化而来，于是希望找到人类和猿类之间"缺失的一环"。随着越来越多的化石被发现，人和猿之间缺失的似乎并不止一环，而是很多环。于是，人们就想当然地将这些化石按照时间的先后顺序排列起来。但这样还是无法解决问题，因为其中很多生活时代很近的化石，形态却相差非常大。这样，人们渐渐意识到，人类进化比最初想象的要复杂得多，可能包含很多条不同的支系，就像一棵树，而不是一条线。

至于为何黑猩猩没有变成人类，那是因为人类根本就不是由黑猩猩进化而来的。"人类的祖先的确是一种猿类，却并不是黑猩猩或任何一种现存的灵长类动物，而是一种已经不复存在的猿类。黑猩猩也是在长期的适应性进化的过程中，适应了丛林生活，变成现在的样子的。黑猩猩进化的方向就是它现在的样子，它们根本就不需要进化成人类。进化成人类的是另外一个和黑猩猩亲缘关系密切的猿类支系。"

崔娅铭也感慨："这幅现象级的插图本来是一种艺术、文化和科学的完美碰撞，却也因为科学上的不严谨而问题多多。有时候不得不承认，让科学流行起来真的不是一件容易的事。"

· 摘自《读者》（校园版）2018 年第 5 期 ·

蓝色谎言

袁 越

心理学界通常把谎言分成3类，分别以白色、黑色和蓝色来代表。小孩子一般在3岁时开始学会说"黑色"谎言，也就是专门利己、毫不利人的谎言，比如"是小狗把杯子碰掉的"，或者"是他先打了我"。他们之所以会这么做，是因为他们意识到父母是无法看出他们心里在想什么的，于是人类的自私本性开始起作用了。

小孩子长到7岁左右的时候，开始学会说"白色"谎言，也就是毫不利己、专门利人的谎言，比如"你的衣服好漂亮"，或者"我喜欢吃你做的饭"。如果一个小孩子学会了撒这种善意的谎言，就说明他真的长大了，知道在某些情况下不妨撒个小谎，以此来维系某种人际关系。

小孩子再长大一些，才能学会说"蓝色"的谎言。这种谎言的特点就是既利己又利人，只不过这一次利的只是少数人而已。比如为了让自己班级在体育比赛中获胜，很多孩子都会不惜撒谎——隐瞒本班代表队在比赛中作弊的事实。

　　加拿大多伦多大学的心理学家李康曾经调查过 7 岁 ~11 岁年龄段的孩子，发现他们年纪越大，撒的"蓝色"谎言就越多。李康教授认为，这一结果说明"蓝色"谎言与一个人社会阅历的增加有关。在他看来，人类是一种社会性很强的动物，我们天生就知道应该如何与别人打交道。但与此同时，人类还有很强的部落属性，我们从漫长的进化中学会了抱团，知道如何团结亲朋好友一起来争夺有限的自然资源。"蓝色"谎言就是部落或者集团之间相互争斗的最佳武器，撒这种谎就是为了维护小团体的利益，即使得罪其他大部分人也在所不惜。

·摘自《读者》（校园版）2018 年第 7 期·

你这辈子大概会有150个朋友

暗号大老爷

我生长的县城里,有一家门面特别小的理发店。理发师是一对小夫妻,我每年回到那个县城都要找男理发师理一次发。一般来讲,话少的理发师是最受欢迎的,但是这位理发师不同——每一位客人进来,他都能叫出这个人的名字;坐下开始剪头发之后,还能随口问出人家家里的情况怎么样;女儿有没有结婚,老人出院没有……大家喜欢听他说话,大部分原因是因为羡慕他有这种记人的能力,平常人很难做到这一点。

早在20多年前,牛津大学进化人类学教授罗宾·邓巴根据人类大脑新皮质的厚度,推断出了著名的"邓巴数":人类在生理层面的认知能力,决定了一个人的"朋友圈"在80人到230人之间,平均下来大约是150人,这种规律现在也被称为"150人定律"。而这个数字恰好也是一个典型人类小群体的数目。

可以从古往今来的各种人类组织中验证这个数字：新石器时代的村落规模是 150 人到 200 人之间，罗马军队每个小队的人数是 120 人到 130 人之间，18 世纪英国村庄的平均人口规模是 160 人，Gore-Tex（做冲锋衣面料的公司）工厂人数是 150 人……现在很多企业也都意识到，一旦企业的人数突破 150 人，就会开始出现管理危机，非得重新架构管理模式才行。

归结到个人身上，也就是说，能和你稳定交往的人数平均在 150 人左右。后来这个理论还在社交网络上得到验证，比如国外某著名社区用户的平均好友人数就是 120 人。然而 150 这个数字并不是铁板一块，因为人类的交际圈子可以按照亲密度的不同而呈现不同的层级。邓巴通过研究发现，每一层的大小都是内层的 3 倍——一个奇妙的比例系数。

比如，150 个朋友里，不错的朋友占其中的 1/3（50 人），其中要好的朋友又约占 1/3（15 人左右），最里层的亲密朋友只有 5 个人左右——他们能在你遭遇重大打击的时候，提供最重要的支持。

如果向外扩展，就是一些你随机认识的人了，比如 500 人可能只是你的微信朋友数目或者微博的关注数目，又比如有 1500 个你看见过 ID 但永远叫不出名字的人。

有人说，我们就是在利用网络的便利一刻不停地添加好友，微信联系人里称得上朋友的其实也没有那么多。但如今的互联网已经偏离原本的去中心化思想，变得越来越集中制了，连微博也对"不重要"的关注者限流，让备受瞩目的人更加突出，不被关注的人永远处于"沉默的螺旋"之中。也许这个"150 人群"，反而会越来越容易地被划分出来。

文明第一幕

押沙龙

有一种说法认为，世界上有四大古文明：美索不达米亚文明、埃及文明、印度河文明、中国文明。后来人们又发现了爱琴海的米诺斯文明，就变成了五大文明。但有些专家说，这个名单还是不全，漏掉了两个，而且是十分重要的两个：一个是大西洋的亚特兰蒂斯文明，另一个是太平洋的"姆大陆"文明。

亚特兰蒂斯的故事大家可能都听说过。但是"姆大陆"呢？这个文明比亚特兰蒂斯文明还厉害。据说，"姆大陆"疆土辽阔，面积比中国、美国、加拿大加在一起还大。"姆人"建立了两个庞大的帝国，发明了飞船和核武器。1万多年前，在其他人还在拿着石斧瞎跑的时候，"姆人"已经神气活现地在天上飞来飞去。后来由于某种神秘的原因，他们放弃了飞船，掩埋了原子弹，拿起木头弓，穿上兽皮衣，回归渔猎生活。

这听上去倒是蛮有趣，可惜没什么证据。在挖出"姆大陆"的飞船之前，我还是暂时采纳五大文明的说法。以前，人们一度认为最古老的文明是埃及文明。但后来发现这个说法是错的。美索不达米亚文明才是最早的。它比埃及文明早好几百年，比中国文明早了差不多2000年，堪称文明之祖。

它的开创者是苏美尔人。这个名字对很多读者来说可能没什么意义。但在人类历史上，他们是顶重要的一群人。从农业革命到现在，对人类影响最大的有两拨人：一拨是6000多年前的苏美尔人；另一拨则是200多年前的英国人。前者开启了文明时代，后者开启了工业时代。

虽然苏美尔人如此重要，但我们对他们了解得并不多。比方说，我们不知道他们是什么肤色。有些白种人说苏美尔人是白人，有些黄种人说苏美尔人是黄种人，还有些黑种人说苏美尔人是黑种人。我是黄种人，所以我认为他们也是黄种人。既然他们没有留下一张人皮，我这么说也就不算错。

苏美尔人虽然没留下人皮供我们鉴定，但留下了许多遗产。他们非常聪明，发明了很多东西。有一位学者一口气列出了苏美尔人的38项"世界第一"：最早的灌溉农业、最早的轮子、最早的文字、最早的犁……

看完这个列表，我们可能有点不以为然：这些东西谁都会，苏美尔人不过是早了一步而已！这个说法对吗？对也不对。古代埃及人和中国人会用犁、轮子，很可能就是从苏美尔人那里辗转学来的。古代世界并不像我们想的那样，彼此完全隔绝。一个东西要是有用，总是会慢慢传到几万千米之外。用50年、100年不行，用1000年、2000年，总是能传到的。如果苏美尔人没有发明轮子呢？古代埃及人、中国人会不会自己摸索着发明出来呢？有可能。但也有另一种可能：他们会漏掉这个发明，不用轮子，就这么凑合着过日子。美洲人和旧大陆完全隔绝，他们也发展出了文明，但漏掉了好几样东西。哥伦布发现新大陆的时候，全美洲还没有普及车轮这样一种工具，印加人甚至连文字都没有。事情就是这么怪：我们觉得天经地义、到时候就该出现的东西，其实不一定就会那么顺利出现。

历史学界有一个古老的问题：文明是怎么产生的？这个问题就像中国的红学一样，催生出一个冷僻的学术圈，养活了一大群学人。但这个问题需要拆解。印度河文明是怎么产生的？中国文明是怎么产生的？这个相对来说比较好解释。它们可能是在人类第一个文明的影响刺激下产生出来的。最关键的是这个问题：第一个文明是怎么产生的？鸡生蛋，蛋生鸡。但第一个新鲜热乎的鸡蛋是怎么产出来的？

对此，学者们给出了五花八门的答案。说起来相当复杂，但是大多涉及一个关键词：灌溉。

1万年前，农业革命就开始了。最早的农夫都居住在高地上，刀耕火种，靠雨水浇灌庄稼。我们都知道"资本主义萌芽"这个词，这个词可以套用在他们身上，这些农业先驱处于"文明萌芽"的阶段。这株嫩芽萌发了几千年，但始终不见有什么奇花异草长出来。他们在文明的门口晃悠，但就是不推门进去。看上去很奇怪，但其实原因挺简单：他们的粮食产量太低了。不过这些农夫生产出的食物，毕竟比原始狩猎部落多得多，因此也能支撑比较多的人口。于是，在农业革命2000年后，许多村庄、小城镇都出现了。但产量还是太低！在雨浇地上刀耕火种，最多能维持一座小城市的运转，无法支撑一个像样的城邦，更不要说支撑一个国家了。这才是真正的问题所在。4000年后，农业革命就遇到了这个瓶颈。它需要一个解决方案，才能进化成真正的文明。

人类最早建立的定居点，集中在土耳其、以色列、叙利亚和伊朗。从地图上看，它们就像一个大圆弧，环抱着一个平原:美索不达米亚平原。

而这个解决方案，也就藏在这个平原上。

原始农民不喜欢这个平原。因为它潮湿泥泞，而且降雨量很小，以他们的技术手段没法耕种。因此，他们把这块地方留给了苏美尔人。以前，人们一直认为苏美尔人是外来人。后来的考古发现，证明他们确实是本地人，一直居住在这个平原上，半死不活，很不起眼。但是后来他们发明了一样东西，彻底改变了形势——这个东西就是灌溉农业。

苏美尔人从高地邻居那里学到了农业技术，并加以改善。他们放弃刀耕火种，排干了沼泽，用河水灌溉农田。这件事情说起来简单，但耗费了漫长的时间、巨大的人力，并颠覆了他们的生活。不过这一切都是值得的，因为一旦建立了灌溉网，这块土地就会肥沃得出奇。底格里斯河和幼发拉底河给平原带来了大量的淤泥，使它的土地极为肥沃。有一份记录记载，在美索不达米亚平原的有些地方，收获可以达到种子的87倍。这是一个惊人的数字。它意味着大量的食物足以供养庞大的人口，也足以供养一大批专业人士——祭司、工匠、士兵、政客、文人，乃至国王。

灌溉农业改变了苏美尔人，他们给自己建立了一个地理上的牢笼，再也没有人会离开这么肥沃的土地而四处迁徙。苏美尔人心甘情愿地被这块土地禁闭了起来。他们也给自己建立了一个社会性的牢笼，灌溉农业需要大量的劳力，需要高度的组织化，于是，社会开始了集权化进程。

文明也就这样从牢笼中产生了。

·摘自《读者》(校园版) 2018 年第 9 期·

听动感音乐可增强耐力

赵乾铮

不少人在锻炼时为了解闷便戴上耳机听听音乐。美国得州理工大学的一项新研究发现，锻炼时听动感音乐能提高人的耐力。

研究人员让测试对象在跑步机上进行高强度负荷跑步测试。受试者共 127 人，平均年龄 53 岁，其中一半人戴着耳机边听动感音乐边跑步，另一半则不听音乐。测试结果发现，同等速度下，听音乐的人平均能在跑步机上跑 8 分 30 秒，比不听音乐的人多坚持近 1 分钟。

研究人员的分析指出，音乐是一种强大的激励因素，能改善人的情绪，从而在大脑中触发舒适的喜悦感并促进分泌产生能量的化学物质。人们一直从直觉上感到音乐是锻炼时的好伴侣，这项新研究则以科学实证说明音乐确实能起到增强耐力的效果。

世界卫生组织建议人们每周进行至少 150 分钟的健步走、骑自行车等适当强度的锻炼，或者 75 分钟的跑步等较高强度的锻炼。不过，相当一部分人不能达到上述锻炼要求。研究人员提示，音乐能起到激励人多运动的作用，下次锻炼时如果感到疲惫，不妨听听音乐吧！

·摘自《读者》（校园版）2018 年第 10 期·

被"吓傻"是一种怎样的体验

七 君

你或许会遇到这样的情况，被吓了一跳的时候，有时会全身"定住"动不了，整个人"呆住了"。这是怎么回事？

更糟糕的是，在遇到坏人的时候，有时人也会怔住，完全不知道去反抗或逃跑。这又是怎么回事？

实际上，这是一种很正常的现象，叫作"强直性麻痹"。

强直性麻痹是一种不需要后天学习就能掌握的本能，而且这种应急机制是自身无法控制的，不是你想动就能动的。

实际上，许多动物都会出现这种防御反应，包括许多昆虫、鱼类、爬行动物、两栖动物、鸟类和哺乳动物，而最容易出现强直性麻痹的家养动物之一就是鸡。

强直性麻痹发生时，动物会浑身僵硬、声音微弱、眼睛不时紧闭、对外界失去反应，严重的时候会像帕金森症一样开始颤抖。

早在17世纪的时候，就有人发现了强直性麻痹现象。1636年，有个意大利人发现，如果让鸡躺在地上，用手指抚摸鸡的喙，接着在地面上画一条线，鸡就会一直傻傻地盯着那条线。因此，一开始大家认为这是一种对鸡的"催眠术"，后来大家发现这是一种动物的防御方式。

让动物进入强直性麻痹状态的方法大同小异，一般来说都要模仿掠食者的动作把动物抓起来，或者按在地上，或者把它们卡在 V 形槽里大约15秒以上，就可以使它们全身麻痹。

在野外，虎鲸曾被人发现把鲨鱼翻起来使其不能活动。这条鲨鱼不是喜欢被摸，而是进入了强直性麻痹状态。

如果是小老鼠一类的啮齿动物，捏住它们脖子上的皮肤，模仿猫抓它们的动作，也可以让它们全身麻痹。而人在强直性麻痹发生时，身体也会不自主地变得僵硬而无法活动，有时甚至无法说话。

遇到危险怎么会全身僵硬动不了呢，这不是更容易被抓吗？

一般来说，在遇到危险的时候，包括人类在内，许多有脊椎和无脊椎动物都有战斗或逃跑的反应，也就是说，要么上前揍对方一顿，要么溜之大吉。

在做出战斗或逃跑的反应时，大脑会进入十分警觉但痛觉丧失的模式（非阿片的痛觉丧失）。所以，许多在战场上杀红了眼的人，虽然受伤严重却还能英勇地拼杀是有道理的，因为在这种战斗状态下，人的大脑已经注意不到伤口的疼痛。

但是在既不可能逃跑也不可能逞英雄的时候，比如身体一下子接收到了大量令人毛骨悚然的信息（如气味、触摸）时，大脑就会进入另外一种状态（低耗能的休眠模式），并且开始产生许多阿片类物质麻痹自己，使自己感觉不到疼痛和害怕。

强直性麻痹发生时，动物身体变得一动不动，和环境融为一体，让敌人不容易发现自己，这样可以带来一线生机。

许多掠食动物不喜欢吃死掉的食物。比如，猫就喜欢去咬活蹦乱跳的而不是假装挺尸的鹌鹑。

因此，一般来说，动物在挣扎了一段时间以后，如果发现不能逃脱，就会进入强直性麻痹状态。进入这种状态后，就算把它们放掉，它们也会"瘫痪"几秒钟甚至几个小时。

科学家们大都认为，强直性麻痹的意义是提高动物遇到掠食者时的生存概率，但其实它也是大自然给生命最后的温柔。

想想看，许多动物被咬住了喉咙以后，大脑就会产生超多阿片类物质，使它们感受不到死亡的痛苦，在最后的平静中死去。这相当于一种天然的安乐死了。

·摘自《读者》（校园版）2018 年第 11 期·

假如人类一只手长 6 根手指

杨孝文

进化生物学家还没完全搞明白，人类（以及绝大多数四足动物）为什么每只手长有 5 根手指。

如果我们有 6 根手指，我们的生活又会变成什么样？多出来的那根手指，对我们到底是利大于弊还是弊大于利？

篮球打得更好

6 根手指能够让我们更轻松地完成一些任务。我们可以演奏更复杂的乐器，提升打字速度，抓握物体时也更为牢固。

哈佛大学医学院遗传学家、研究脊椎动物肢体发育的克里夫·塔宾教授说："更宽大的手能够让人成为更出色的篮球选手。不过，手的灵巧度基本由大拇指和食指决定，额外多 1 根或者少 1 根手指不会太影响手的灵巧度。"

十二进制

多出 1 根手指的最大影响应该是在数学方面。

如果人类的每只手拥有 6 根手指，也就是人类一共有 12 根手指，那么计数系统将完全是另一番景象，十二进制将是最自然的一种选择，不太可能出现十进制。

12 根手指将在很大程度上影响人类的计算能力，毕竟 12 要比 10 复杂。

肢体定律

如果人类有第 6 根手指，这根手指一定会从腕部长出，作为额外的一个拇指。这是数量极少的六指四足动物的一种标准形态，例如熊猫。熊猫的最小手指远侧长有一根与拇指类似的"手指"，它是腕骨的延伸，帮助熊猫抓握竹子。

克里夫·塔宾教授提出了一项理论，解释动物王国的每肢五指／趾原则，他把这个原则称为"肢体定律"。根据这一定律，如果某种动物的肢体相对于身体来说较长，最理想的肢体数量为 6 个（例如昆虫）；相对较短的话，肢体的数量越多越好（例如千足虫）。

如果将手指视为手部的肢体，这一肢体定律同样适用。考虑到手指需要有适当的长度才能轻松弯向手掌，所以对人类来说，理想的手指数量是 5 根。

如果人生再来一次，我成为我的概率是多少

【德】皮特·里赫

任何两个陌生人的 DNA 差异都不超过 0.1%，但是，在你的 DNA 中仍有大约 1000 万个点位是可以发生基因变异的。在不同的条件下，你的 DNA 可能也会不同。

不过，基因变异并不会让你变得独一无二。我们每个人在出生后都会受到一些事情的影响，每一件事都可能改变我们。比如，如果你晚出生 1 个小时，那么原本要为你的母亲接生的医生可能换成了一个实习医生，原本应该健康的你，因为医生的疏忽，却出了问题。仅仅只是晚出生 1 个小时，你之后的人生将变得大不一样。

当然，不仅是你，你曾经遇到过的每一个人都需要在正确的时间和地点出生、成长，这样他们才能与你互动，产生现在你脑海中的记忆。

可以说，我们一生中的每一件事，都可能让我们的人生变得不同。当你把这些成千上万的经历的不同可能性分开来分析，最终你能成为现在的你的概率实际上是零。

·摘自《读者》（校园版）2018 年第 12 期·

为什么眼珠不怕冷

方　洲

朔风怒号、寒冬腊月，在外面行走的人会冻得鼻尖红紫、耳朵发痛、手指麻木，可是，暴露在外的眼珠却永远不会觉得冷。

是眼珠上没有感觉神经吗？当然不是。实际上眼珠外的角膜是身体最敏感的部分，只要有针尖大小的灰尘落到眼里，就会引起不舒服的感觉。

那么眼珠为什么不会感到冷呢？这是因为眼珠上只有管触觉和痛觉的神经，没有管冷热的神经。所以，不管温度多么低，眼珠都不会觉得冷。

鼻尖、耳朵边缘和手指处的毛细血管非常多，遇冷后毛细血管迅速扩张，散热比较快，所以这些部位的温度也变得特别低。眼珠前面的角膜，是不含血管的透明组织，因为不含血管，热的散失也较慢、较少；前面又有柔软而且血管丰富的眼睑（眼皮），像两扇大门似的挡住了扑面的寒风，所以眼珠的温度实际上要比鼻尖、耳缘、指头等完全暴露处的温度高。

·摘自《读者》（校园版）2018 年第 19 期·

吃也可以影响你内心的想法

叶倾城

　　你的肠道系统有知觉吗？如果有，这种知觉会使你突然感到焦虑，或感到什么不对劲吗？这并不是一种简单的语言表述，因为该现象有确凿的科学证据。人体肠道微生物和大脑通过"迷走神经"进行通信交流，有时肠道微生物会导致人体产生愉悦情绪，反之亦然。因此，科学家认为，通过观察人体肠道向大脑发送信息，可研究人们出现的抑郁、焦虑等问题。

　　科学证据表明，慢性疾病与炎症之间存在很强的关联性。炎症是肠道系统中最常见的生理反应，人体大约70%的免疫系统存在于肠道中。我们选择的食物会导致氧化应激反应，为应对炎症疾病做好准备，例如，抑郁、焦虑、肥胖等。因此，肠道健康直接影响大脑的健康。

　　肠道除了与神经递质进行通信，还与人体免疫系统和大脑进行通信交流。神经递质的一个功能是它们可以发送关键信息至大脑，从而对身体产生各种影响。

血清素和多巴胺是众所周知的神经递质，它们通常与良好情绪有关。事实上，虽然许多人认为血清素主要是由大脑产生的，但是人们发现，高达 90% 的血清素实际上是在肠道中产生的。肠道检测公司 Viome 首席医师海伦·梅塞尔博士称，肠道中的细菌制造或者消耗了人体内大多数的神经递质。

从本质上讲，如果你的肠道产生大量改善情绪的化学物质，例如血清素，那么肠道系统就会向大脑发出信号，产生各种各样的益处，例如，较好的睡眠和饱腹感。实际情况显然更加复杂，这里只是简单的信息罗列，那么，你是如何影响自己的肠道系统，促进其产生良好的神经递质和其他成分而使你的情绪变得更好呢？这与你肠道消化的食物密切相关。

梅塞尔博士指出，我们所吃的食物会影响人体微生物的种群构成，并反作用于人体肠道所产生的物质。尤其是那些脂肪含量较高的食物，将促使喜欢脂肪食物的有害细菌大量滋生。那些快餐食物深受产生炎症性化物的微生物喜爱，这些炎症性化合物将促进慢性疾病的形成。

肠道检测公司 Viome 执行总裁纳温·贾恩称，事实上，人体肠道的感觉是独一无二的，它比人类的指纹更加独特。重要的是要明白没有任何食物被普遍认为是非炎症性的，相同的食物可以治疗某人，也可能会使另一个人产生炎症反应，这取决于肠道微生物的成分。肠道系统能够消化相同的食物，产生人体所需的营养物质，也可能产生导致炎症的有害毒素。如果你一辈子总是吃菠菜，这或许并不是一种健康的饮食习惯。

健康的饮食习惯会使你的肠道系统不仅产生炎症性物质，而且制造健康的物质，例如丁酸盐和神经递质，会对大脑和思维意识产生积极作用。

肠道系统除了产生神经递质，一些肠道细菌还能制造维生素和营养物质，促使大脑正常运行。梅塞尔博士表示，大脑中神经递质的产量取决于特殊维生素，叶酸就是一个例子。大脑的正常运行需要叶酸，而人体肠道细菌可以制造叶酸。但是如果没有正确的食物来源，肠道也就不会产生我们所依赖的重要物质。

梅塞尔解释称，如果你的大脑未获得所需的营养物质，那么神经信号就会减速，并且大脑的不同部分开始难以有效地沟通协调。当前的好消息是，微生物种群发生了变化，如果人们能充分改善自己的饮食习惯，基于个性化建议，人体肠道系统可在短短几周时间内重新恢复平衡。

为了分析人体所需的独特微生物种群，最好的方法是对肠道系统进行测试。梅塞尔博士研制了一种 RNA 测序法，能够准确识别对人体肠道具有积极作用的微生物。该方法不仅能确定微生物的种类，还能分析它们产生的作用，以及它们可以制造出什么物质。之前 Viome 公司曾报道称，公司基于人体肠道所需物质，提供个性化食物推荐，这样不仅有利于肠道，还有益于大脑健康。

·摘自《读者》（校园版）2018 年第 19 期·

美味为何让人难以抗拒

张　辉

食欲是对食物的强烈感官欲望，而对食物的欲望并不单纯由饥饿引起。那么，在并非饥饿的情况下，为什么面对美食人们还是难以抗拒？科学家认为，这不能怪我们太贪吃，而是与大脑机制有关。

面对美食，你为何会吃到撑

人在享用美食的过程中，大脑会在食物入口和入胃时两次分泌多巴胺，这种机制可能增加对美食的渴望，并延迟大脑发出"吃饱"的信号。多巴胺是一种神经递质，传递兴奋和愉悦的信息，是大脑"奖赏效应"的关键组成部分。

多巴胺与大脑中的另一种物质类鸦片活性肽一起工作，能使人产生愉悦感。如果某些行为能让大脑分泌多巴胺和类鸦片活性肽，大脑就会让身体不断重复这些行为。

肠胃诱导的第二次多巴胺分泌会发出"吃饱"的信号，而延迟分泌会使人们过量饮食，到第二次分泌发生时就已经吃撑了。

人们为何喜欢垃圾食品

从进化的观点分析，人类对垃圾食品的欲望可以追溯到史前时代。高卡路里的食物可以提供更多的能量，使摄入者的生存概率更大，于是大脑就将摄入高卡路里的食物看作愉悦行为，指挥人们去寻找高油脂、高糖分的食品。

进入现代，虽然食品的来源保障充足，但是人类的大脑依旧会重复同样的反应路径，所以垃圾食品总让人产生强烈的食欲。

情绪是促成人们对垃圾食品产生欲望的另一个因素。例如，感到压力时，身体会释放皮质醇。皮质醇的基本功能是增加血糖水平，为细胞提供能量，抑制免疫系统，促进脂肪、蛋白质和碳水化合物的新陈代谢。皮质醇同时会抑制瘦素和胰岛素分泌，从而增强饥饿感。

除了压力，其他负面情绪也会导致人们对垃圾食品的渴求。儿时，父母常常将糖果当作奖励和示爱的工具。当小孩长大成人，潜意识中依旧将高糖、高脂食物看作奖励。味觉的享受也确实会让大脑产生愉悦感。例如，甜食能让大脑分泌类鸦片活性肽，从而减轻疼痛。

为何油炸食物对人有诱惑力

进入餐厅，不管是炸鸡还是炸猪排等油炸食品，只要菜单上多了"酥脆"两个字，便能提高顾客的点餐率。人们都知道炸鸡、薯条等油炸食品对健康不利，但就是爱吃、觉得好吃。那为什么食物在油炸之后，会变得好吃而让人难以抗拒呢？

研究表明，当食物被置入滚烫的油里，一连串的化学反应便开始产生。油的沸点很高，几乎是水的沸点的两倍多，所以当食物被置入沸油中，表面的水分就会散失并形成气泡，这就是油炸食物时会冒泡的原因。

食物表面的水分一旦散失，就会发生两件事：其一是食物表面会脱水并形成一层脆壳；其二是散失的水分子会在食物上留下缺口，使油分子得以进入食物内，进而出现食物吸油的现象。

大多数油会增加食物的脂肪含量，同时改变食品的味道。食物表层在油炸过程中大量脱水而形成的脆壳也会让食物的味道更好。每种油的营养成分不同，分解方式也不同，而且在受热开始冒烟时的温度也不一样，这些都会影响油炸食物的味道。

此外，油炸的高温也是使食物味道变好的原因之一。食物在加热后，味道会比较好，因此，像薯条之类的油炸食品最好趁热吃，放凉了口感就会变差。

吃辣会让人上瘾

俗话说："四川人不怕辣，湖南人怕不辣，贵州人辣不怕。"这3个地方的人都以能吃辣而闻名。如果你来自四川、湖南或贵州，相信你一定是一个无辣不欢的人。

辣椒在中国人的饮食文化中一直占据着重要的位置。冬天吃火锅，夏天吃串串，辣椒早已融入了人们的日常生活，是中国人餐桌上不可或缺的一种调料。即使是不能吃辣的人，有时也无法抵抗它的诱惑。

这种食物为何会让人上瘾呢？它之所以会让人产生辣的感觉，是因为它含有一种叫作"辣椒素"的化学物质。

严格来说，"辣"是一种痛觉而不是味觉。辣椒中蕴含的辣椒素刺激舌头和嘴的神经末梢后，大脑会立即命令全身加强"戒备"，身体会随之产生如下反应：心跳加速、唾液或汗液分泌增加、肠胃加倍"工作"，同时释放出内啡肽。持续不断释放出的内啡肽会使人感到轻松兴奋，也会让人上瘾，所以有人吃辣会上瘾。

·摘自《读者》（校园版）2020年第21期·

没有电，古人晚上都在干什么

张　嵚

没有电，古人晚上都在干什么？

说起"没有电"的古代,虽说那些被记录于典籍的历代夜生活,常叫"穿越迷"们心驰神往。但实事求是地说,对于大多数的古人来讲,过夜生活真是件奢侈的事儿。正如德国《格林童话》里的那句名言："吃完饭,也就到上床睡觉的时间了。"

所以说,在古代"吃完晚饭就上床睡觉"才是生活的常态。为何过夜生活如此难呢？放眼中国古代史,除了历代的"宵禁"政策外,一个直接的困难是：在没有电的古代,晚上"点个亮、照个明"不只是困难,还相当费钱。

比如在秦汉至隋唐年间,当时的照明灯具,还是以铜灯、瓷灯为主。

诸如"长信宫灯"等知名文物，至今惊艳无数人。烧的"灯油"也一度是动物脂肪燃料。好看是好看，价格也是相当高的，长期以来都是贵族和富豪所专享的。所以那时贵族高官们的"夜生活"——"东山夜宴酒成河，银烛荧煌照绮罗"的华丽场面，别说其他开支，单是"点个亮"，就是在"烧钱"。

　　就连唐太宗李世民，在夜晚点灯这事儿上，都曾尝到深深的挫败感。有一年除夕夜，这位"铁腕帝王"让人在整个皇宫里都点上明灯火烛，在大殿上也点了堆大篝火，打算好好炫富。没想到，"列席活动"的萧皇后淡淡地吐了个槽：我那死鬼老公隋炀帝，当年都在宫里点沉香木，一点就是几十堆篝火，一晚上能烧两百多车沉香木。真是"奢俭之事，固不同年"——您太勤俭持家了啊！

　　晚上多"点个亮"，就能有炫富的既视感。那时的"夜生活"，可不就是每分每秒在"烧钱"？

　　也正是随着中国古代灯具技术的进步，过夜生活的成本，也渐渐降了下来：从唐宋年间起，中国瓷器手工业大踏步前进。"瓷灯"等灯具不但工艺精进，成本也大幅降低。

　　所以，也正是从唐代中期起，中国古代城市的夜生活逐渐丰富起来。唐代的广州、扬州的夜晚，都渐渐变得热闹，"桥市通宵酒客行"成了许多大城市的夜晚常态。到了宋代，在汴京、临安等"超级城市"里，"晚上喝个酒"更不算个事儿。《东京梦华录》里形容说，每到黄昏时，汴京城的大小店铺就开始"上下相照"，甚至街面上"每一瓦陇中皆置莲灯一座"。城市的里里外外都"亮起来"了。

　　这样"亮起来"的宋代城市，夜生活也就有了被载入史册的热闹："瓦舍"里的"话本""相扑"等娱乐活动彻夜不休，连宋仁宗都跑来当"热

心观众"。州桥夜市上的各类小吃，一直营业到三更，马行街夜市"车马
阗拥，不可驻足"。酒楼里的歌舞表演精彩纷呈，"夜深灯火上樊楼"成
了汴京青年的最爱。这样"虽风雨暑雪不少减"的"大都市夜生活"，直
到今天，依然是大宋王朝吸引眼球的"历史名片"。

　　当然，大宋这"耍闹去处，通宵不绝"的繁华夜生活，其实只局限
在汴京、临安、大名等"超级城市"里，普通的城市还是冷清得很。到
了明清年间，许多经济发达的普通市镇的夜生活也变得丰富起来了。比
如明代浙江桐乡县的青镇，从明代中期起，"夜必饮酒"的夜生活就相当
热闹。放在大城市里，明清年间的杭州西湖、苏州虎丘、南京秦淮、山
东临清，都是茶楼酒馆遍布，夜生活比宋代热闹百倍。

　　比如康熙年间出使中国的荷兰使团，就清楚地记录了当时山东临清
的夜生活。作为当时运河沿线的重镇，临清以富庶繁华著称。每天晚上，
当地所有的客栈、茶馆都通宵营业，戏曲、弹唱等演出热热闹闹，甚至
客人们"只需要付六七文钱"就可以愉快享受这样的夜生活。此情此景，
也叫这些荷兰人感慨"真是不可思议"。

　　话说回来，虽然从唐宋至明清，夜生活越发普遍，但对于人数占历
代王朝人口大多数的农民来说，夜生活却依然很难得。哪怕放在明朝中期，
在经济发达的东南地区，一户普通的自耕农家庭，也依然难得有休闲的
时候。明代《嘉兴府部》记载的"弘治中兴"时期的浙江嘉兴农民，每
年从正月开始忙碌，松土、追肥、打谷等劳作任务每个月都极重，每天
早晚两顿都是米粥，中午才吃得上米饭，年尾交了租，才有可能"嘻嘻
如也"……

　　这样的一年，日子苦、活儿重，除了端阳前后的"赛乐会"上可以
饮酒作乐一晚，全年都要为温饱忙碌，又哪有什么夜生活呢？

不过明清年间，也同样是中国古代农业发展的"井喷"时期，所以比起之前的朝代，这个时期的农民，只要是在太平年月，夜生活也总算丰富一些，最出名的娱乐项目，就是社戏。

社戏，又称赛社，是古代民间每年的祭祀活动，发展到明清时，在一些经济发达的地区，也有了更丰富的花样。比如明代南方的"迎神赛社"，老老少少都要参与，扮成戏台上的各种人物"妆神像""扮杂技"，昼夜都十分热闹。山东临清的"迎春社火"，除了请来戏班子外，男女老幼也要出来表演，演绎"童子扮观音"等民间故事，街上从白天到晚上都是人山人海。

这些狂欢的热闹，浓缩了古代丰富的民俗文化，也记录了古代农民的艰辛——辛劳一年，等的就是这一刻的欢乐。

如果说这些夜生活，让我们看到的是古代经济文化的发展，还有一些夜生活，却有着超越历史的反思意义。

比如，欧洲传教士利玛窦笔下明朝士大夫们的夜生活。这个常年混迹晚明"精英圈"的外国人，在他的札记里告诉我们，明末的士大夫们几乎每天都有宴会，每一场宴会要么在华丽的宅院里，要么就是在"宫殿般的船舶"上。宴会上的每一件金银器皿都很名贵，食物更是可口丰富，除了豪饮还有"泛舟取乐"。这一类的宴会，通常都要持续一个通宵，吃不完的食物都赏赐给了仆人。最重要的一条，"开支全部由公家支付"。

看过这一幕，参考利玛窦同时期明朝各地持续不断的灾荒、越发深重的危机，甚至边地士兵因为饥饿"僵而仆者且纷纷见告"的惨状，再"脑补"不久之后那场席卷明朝的农民起义，对明朝衰败的原因，这"火热"的夜生活就做了最好的诠释，多少叹息，都在这群"精英"的酒杯里。

古建筑取名有什么讲究

李 莉

"楼"从何而来

一种说法是,《说文解字》曰:"楼,重屋也,从木、娄声。"也就是说,楼指的是两层以上的大建筑。另一种说法,《释名·释宫室》解释:"楼,言牖户诸射孔娄娄然也。"射孔,指门窗上可以照射进阳光的孔格;娄娄,空疏也。多层建筑门窗射进的光线更多,室内更显"娄娄然"(空明敞亮),故称"楼"。

顶棚为何称"天花板"

天花板即室内顶棚,因特征而得名。

"天"，指房子的顶棚位置；"花"，即花纹，说的是房顶的装饰。古代建筑的顶棚多呈棋盘格布置，上绘龙凤、花卉、几何纹样，或做成浮雕图案，故名"天花板"。

"祸起萧墙"的"萧墙"指什么

萧墙即门屏，是指古代宫室作为屏障的矮墙。古代宫室内当门处有一小墙。客人来时不会直接见到室内的主人，而需要绕过小墙，方可见到。那堵小墙即为萧墙。

藏书楼为何称"阁"

古代收藏图书的房子，多称"阁"，著名的有文渊阁、天一阁等。"阁"本义指门开后插在两旁用来固定门扇的长木桩。后引申出"置放"的字义。清代朱骏声在《说文通训定声》中解释说："凡止而不行皆谓之阁。"图书进入藏书楼，是为了收藏，处于搁置不动的状态，故此类建筑物多称为"阁"。

"阙"是什么样的建筑

苏轼的"不知天上宫阙，今夕是何年"，大家都耳熟能详。阙本指宫门、城门两侧的高台，中间有道路，台上起楼阁。其得名，清代汪中在《述学·释阙》中说："天子诸侯宫城皆四周，辟其南为门，城至此而阙，故谓之阙。"

"亭"之名因何而得

亭子有顶无墙，是一种常见的小建筑物。古代的亭子常建于路旁或园林之中，以供行人驻足休憩。亭因功能而得名，"亭，停也，亦人所停集也"。

为了进化成人，我们的老祖宗也是拼了

【美】李相僖 【韩】尹信荣

陈建安　编译

你一个人待着的时候，是不是经常会冒出一些奇怪的疑问：人类真的是一种很奇怪的生物，为什么会腰疼？为什么可以喝牛奶？为什么爱吃肉？为什么岁数越大，感觉脑子越不好用？

其实，这些问题，和我们的"老老老老祖宗"有关。

吃肉，原来我们是被迫的

8000 万 ~6500 万年前，我们的第一个灵长类祖先，和现在成人一个巴掌的大小差不多，以吃水果和树叶为生。

那时候我们的祖先，还没学会使用工具，想吃肉得光脚在大草原上追捕羚羊，所以吃树叶度日其实是更安稳、更幸福的一件事。

然而天不遂人愿，从 260 万年前开始，非洲大陆的气候越来越干燥，树木凋零，只剩下大片的草原。因为嚼不动这些坚韧的植物，甚至吃草都打不过其他竞争者，所以早期人类只能被迫转而吃肉。

但是，祖先们还是无法抓捕到活生生的动物，所以弱小无助又可怜的早期人类，就想出了一个好办法——吃"剩饭"。

狮子吃完猎物的内脏之后，剩下的肉简直是免费大餐。不过别着急，还有秃鹰和鬣狗，等这些"竞争者"都吃饱之后，我们的祖先就可以自由饱餐了，哪怕剩下的残渣只有骨头，骨髓也是脂肪肥美、营养丰富的。

不过，这种悲惨的吃"剩饭"的境遇，并没有持续太久。

长期吃这些高脂肪食物后，人类的脑袋越长越大，体形也越来越高大。就这样，脑容量扩充之后，我们的祖先有了高明的策略、充沛的体力和精良的工具，可以真正捕猎了。

这样看来，今天的我们有机会变得如此聪明，还要感谢祖先吃"剩饭"的经历。

腰疼，是祖先留给你的"财富"

每次当你腰疼的时候，你是不是都会烦躁地抱怨，明明我很健康，只是今天多走了几步路，怎么腰又疼啊！

其实，你的腰疼，还真就来源于此——走路。

很早很早以前，我们的灵长类祖先是用四肢走路的，而我们能进化成现代人类，其中一个重要的因素，就是开始用双脚走路。

但是用双脚走路是要付出一定代价的：准确地说，我们必须承受随之而来的病痛。

现在你可以站起来，走两步感受一下，我们在走路时，身体必须直立，绝大部分体重会先施加在腰与骨盆上，接着才会转移至双脚。而双脚在交替前进时，是单脚在支撑体重。

所以我们脆弱的腰、膝盖与髋关节，就像是在受刑。而那些用四肢走路的动物，可以将体重平均分散于四肢。

不仅是腰疼，用双脚走路还让人类需要承受更痛苦的分娩。用双脚走路后，人类有机会吃到更多的肉，脑袋也就越来越大，想要分娩时不痛苦，骨盆就要越宽越好。而为了稳稳地走路，我们的骨盆进化得更窄了。

甚至，用双脚走路还加重了我们患心脏病的风险——双脚站立后，我们的心脏位置比较低，只比身高的一半稍高一些。而我们的头、肩膀与手臂的位置都比心脏高，心脏不得不对抗地心引力，努力将大量的血液向上输送，因此比起其他动物，我们患心脏病的概率更高。

然而最终，在腰疼、分娩痛、心脏病的风险中，我们的祖先还是选择了站起来。因为我们受苦也是有回报的。从我们的祖先决定用双脚走路开始，人类才有机会学会使用工具，学会自在地发出声音，最终又衍生出语言。

这样看来，下次腰疼的时候，躺着就好了，毕竟"双脚离地，病毒通道就关闭了"。

能喝牛奶的人，才是"异类"

生活中，我们难免会遇到一些朋友，他们声称自己喝不了牛奶，会恶心反胃、胀气、拉肚子等。

很多人都知道，这是乳糖不耐受，因为牛奶中含有一种叫作乳糖的碳水化合物，而有些人体内正好缺少能消化它的乳糖酶。

　　在我们的认知里，因为这种状况不能喝牛奶的人是少数，大部分人喝完牛奶都是安然无恙的。

　　对此，人类学学者提出质疑，其实能喝牛奶的人，才是"异类"。

　　在医学上，乳糖不耐受并不是什么疾病。从小我们都可以吃母乳，因为小时候人人身体里都有乳糖酶，长大后，身体里制造乳糖酶的基因会逐渐降低活跃度，最终停止活动。所以成年后，有人就消化不了乳糖。乳糖不耐受是人长大后自然会出现的生理反应。

　　根据统计，世界各地可以喝牛奶的成年人，不到总人口数的 10%，其中包括亚非欧的大部分地区。而在瑞典、丹麦、苏丹、阿富汗等国家，成年后还能制造乳糖酶的人，竟然高达其总人口的 70%~90%，他们才是"乳糖酶基因突变"的那群人。

　　这些国家，都处于乳业历史非常悠久、乳业非常发达的地区。那到底是先有了乳业，还是先发生基因突变的呢？

　　在新石器时代，欧洲才开始出现乳业。而一个由德国和英国的专家组建的研究团队，在 2007 年成功从新石器时代的人骨化石中萃取出了 DNA，发现其中并没有乳糖酶基因的突变。

　　所以这么看，我们可以开始喝牛奶而不拉肚子，不过是最近一万年的事情而已。

　　你可能会好奇，人为什么小时候吃过母乳，长大了放着好好的肉、蔬菜不吃，非要喝牛奶，甚至不惜基因突变呢？

　　这个……目前实属世界未解之谜。因为人类喝牛奶的历史才一万年，某些地区却有高达九成的人口都发生了基因突变，这说明可以喝牛奶的人繁衍出了更多的后代。虽然牛奶中含有钙、蛋白质、维生素 D，但目前，学者依旧没有找到牛奶中可以左右人类生死的神奇成分。

如果你是可以喝牛奶的朋友，看到这里，不如喝一口牛奶，感受一下自己的"幸运"吧。

·摘自《读者》（校园版）2020 年第 23 期·

说唱歌手即兴说唱时，大脑中发生了什么

蔡梦飞

"说唱"似乎很适合引爆综艺节目观众的"嗨点"。说唱节目越办越多，其他形式的综艺节目也很喜欢让艺人在舞台上秀一把说唱。

说唱歌手在舞台上热力四射，即兴说唱时更是自由肆意地使用各种词语并加上韵律，常有惊人妙语，观众的情绪也会被带动着一嗨再嗨。

常规的歌曲演唱一般需要系统、长时间的排练，去熟悉韵律和歌词。即兴说唱则不同，相对来说，它更有挑战性——说唱歌手得结合具体的场景，用押韵的歌词和新颖的节奏模式，自由发挥并创作，更注重灵活性和创造性。

歌词、节奏、押韵等多个元素能够在即兴的场景下，以新颖灵活又热情的方式呈现出来，不但能让观众买账，也吸引了神经科学研究者的

注意。

来自美国国立卫生院的神经科学家，邀请了12位拥有丰富演艺经验和专业技巧的说唱歌手，借助于功能性神经影像，研究他们在说唱时大脑的变化情况。

这些说唱歌手进入核磁共振扫描仪后，开始演唱。

请开始你的表演

他们先唱一段自己烂熟于心的歌词，然后再即兴说唱一段自由发挥的歌词。随后，科学家系统分析了这两段不同歌词对应的神经影像差别。

通常情况下，大脑的信息行为加工模式是这样的：大脑内侧前额叶发出指令，传给背外侧前额叶——它是大脑的"监督性注意力系统"，背外侧前额叶在对信息进行加工处理后，再传给运动系统。

这类似于打仗时，军官下达命令，士官接到命令后，传达给各个连队，并监督士兵执行。

大脑的这种行为控制模式，能保证我们有意识地调整、管理，并实现我们想做出的动作。体现在神经影像上，就是在执行特定任务时，理论上内侧前额叶和背外侧前额叶的信号强度会同时增加。

即兴创作时，大脑失控了吗

相对于演唱熟悉的歌词，即兴说唱时大脑活动发生了一些明显的变化：一方面，语言控制区域的信号强度增加了；另一方面，与运动控制相关的许多区域，信号强度也普遍提高，如前运动辅助区、背侧运动前皮层、扣带运动区、右侧小脑后部和蚓部。

语言和运动相关脑区的激活，说明说唱歌手在即兴说唱的时候，需要在脑海中快速选择词语和句子进行语音编码，与一定的节奏韵律组合后，再清晰明快地说唱出来。

不过这些变化都在意料之中，毕竟即兴说唱是创新性地使用语言和韵律，相关脑区自然会更加活跃。

而真正令科学家大感意外的是，内侧前额叶和背外侧前额叶的活动不同步了，在前者信号活动增强的同时，后者的信号活动反而降低了。

为什么会发生这样反常的情况

科学家进一步分析后，找到了合理的解释：说唱歌手在即兴说唱时，内侧前额叶发出的指令，可以另辟蹊径，绕过背外侧前额叶，直达运动相关脑区。

内侧前额叶一般与内在动机驱动的、自发性的行为相关，和外在的刺激关系不大。而背外侧前额叶主要和以外在目标为导向的行为息息相关，需要强烈的自我意识活动参与，比如及时评估和纠正行为。

在常规表演时，大脑会采取"传统路径"，循规蹈矩地按照已经谱好的曲、写好的词来唱。在这个过程中，监督性注意力系统被调动，歌手需要注意呼吸、共鸣、吐字、抑扬顿挫等是否准确到位。

而即兴说唱则要求说唱歌手反应灵活，必须迅速"舞文弄字"组成新鲜、有趣、押韵的歌词，说唱歌手来不及深思熟虑和准备，这正对应背外侧前额叶信号降低，自发注意力系统减弱，相对而言就变得更有创造力了。

无独有偶，另一个关于爵士乐即兴演奏的神经科学研究，也发现了类似的结论。相较于 A 组（弹奏烂熟于心的爵士曲谱），B 组（即兴演奏的爵士曲谱）演奏者的"注意力系统和自我意识"会相对减弱，其神经影像也表现为背外侧前额叶的信号强度降低，内侧前额叶信号强度增加——换句话说，爵士乐演奏者在即兴弹奏时不去考虑细枝末节，反而更容易脑洞大开，迸发出意想不到的创造力。

另外，相信你从来没有见过面无表情的说唱歌手，尤其在表演即兴说唱的时候，说唱歌手们总是情绪高涨、表情丰富，很有感染力。这是因为，在即兴说唱时，大脑杏仁核区域是高度活跃的。杏仁核是大脑的情绪控制中心，当杏仁核的活动和语言、运动等相关脑区的活动同步时，就共同构成了一个相互协调的网络。有了这些相互响应的神经网络做支撑，才有了完美的即兴说唱——歌词押韵、情绪饱满、动作协调，充满活力。

放松自我才能灵感乍现

估计大家有类似的感觉——花了一整天时间尝试解决一个具有挑战性的问题，可能当天无果，但第二天居然毫不费力地找到了解决方案。

根据即兴创作时的神经影像特点，我们知道，执行不同的任务，会激活不同功能的脑区。当执行以目标为导向的任务时，我们会主要评估自己的行为是否会实现目标。但如果想让思维更加发散和具有创造力，就不能以"目的"为导向，而应该让自己的监督性注意力系统放松下来，才会"邂逅"意想不到的、新颖有趣的发现。

不要忘记阿基米德是泡在浴缸里、在身体完全放松时才想到了"阿基米德原理"，其实这是有科学依据的——虽然"专注"等自我意识强的状态能提高工作效率，但只有"放松自我"才有利于思维放空和灵感乍现。

我们不一定能成为舞台上的说唱歌手，但也可以有自己的即兴表演。

人类会为未来留下什么化石

秦　纵

公元 100 万年，地球发生了翻天覆地的变化。机器人考古学家发现了一个未知的文明，通过对一些遗迹和化石的研究，机器人考古学家认为，这个文明至少在 90 万年前还存在，似乎是由一种两足行走的无毛动物建立的⋯⋯

看到这里，我们可以猜到，这种无毛的两足动物大概就是指人类了。虽然这个情景只是一个想象，但不禁会让我们想到一个问题——如果人类灭绝了，可能会在地球上留下什么样的痕迹？

要留下化石也不易

从今天来看，人类对地球的影响超过了以往任何一种动物。我们将山顶夷为平地，在地面上建造高楼大厦，在地下挖出幽深的矿井和巨大的矿坑，排干湖泊，还为河流规划新的河道，等等。但是随着时间的推移，这些被人力改变的痕迹终会被大自然抹去，那么，现在还在蓬勃发展的人类世将会在未来留下什么样的化石呢？

化石的种类很多，骨头、贝壳、动植物或微生物在石头上留下的印记、保存在湖泊中的物体、毛发、DNA 残留物等都是化石。化石的形成要具备"天时地利人和"。首先，所谓的"人和"，指的是物体本身要有坚硬的质地，比如壳、骨、牙等；"地利"则是物体所在的位置最好是火山、沙漠、冰川、沼泽或者其他具有沉积物的环境；而"天时"指的是物体在被破坏之前要被迅速掩埋。满足了这些条件，还需要经过漫长的时间，物体才有可能变成化石。

即使在最理想的条件下，生物也很少能作为化石被保存下来，而且能被发现的化石也只是其中很少的一部分。据估算，通过化石记录的物种数量只占曾经生活在地球上的所有生物物种的 1%。

而人类又似乎很擅长挖掘，这意味着，人类留下的各种痕迹可能还没来得及变成化石就被破坏了。因此很难说在未来能找到多少人类世的化石。

但不管怎样，这个时代总会为未来留下一些化石。假设人类世的化石被保留下来，那会是什么样的化石呢？

与人类一同生活的动物化石

不同的地层中所保存的化石各有特点，它们代表了那个时期的生物种类和环境特点，人类化石自然是人类世的标志。

在古代，人们通常会将死去的同伴集中埋葬在某地，渐渐地，排列有序的墓园开始出现。而如今许多地方提倡火葬，埋在墓穴里的不再是尸体，而是骨灰。随着人口的增加，土地利用面积减少，未来的人们可能会采取更环保的丧葬方式，连骨灰都不保留。在这样的情况下，人类世的地层中能保存下来的人类骨骼化石恐怕并不多。

现在全世界每天都有几十种动物从地球上消失，一些科学家认为，我们正在经历地球历史上的第六次大灭绝事件，导致这次大灭绝的原因则是人类。这意味着在人类世的地层中，许多野生动物的化石会突然消失，取而代之的是人类世特有动物的化石。

比如，人类驯养的动物——鸡、猪、牛、猫、狗等的化石可能会数量庞大。其中鸡骨化石的数量可能是最多的。据估计，全世界每年要消耗超过 500 亿只鸡，而早在 7000 年到 1 万年前，人类就已经驯化了鸡，未来人类食用的鸡肉还会更多。如此算来，在人类世的地层中鸡骨化石应该算得上是一种标志性化石了。

而这些人类驯养动物的化石都有一个特点——带有人类的标记，特别是随着基因技术的发展，它们被人类改变的痕迹会更加明显。

被人类选中的植物化石

与驯养动物类似，被人类驯化的植物的化石也可能成为人类世化石的代表。1 万年前，人类就开始了农业生活，驯化各种农作物。到了现在，虽然人类种植的农作物种类很多，但是有那么几种在全球分布最广、种植面积最大，其中包括玉米、小麦、大豆、水稻和油菜等。从这些农作物上收获的食物被我们吃掉了，但是它们的花粉可能会被保留下来。花粉被一层孢粉素包裹，耐腐蚀、耐高温，又极难氧化，因此能形成花粉化石。

可能有人会说，地球上还有很多野生植物，它们也会产生花粉，这些花粉也可能变成化石，为什么驯化的农作物能成为代表？一方面，随着人口增加，人类活动范围不断扩大，野生植物的生存空间被不断压缩；另一方面，这些农作物的分布也有人类世的特点。随着现代农业的发展，现在越来越多的地方将小片耕地集中起来，连成大片，并通过科学的规划，在科技的帮助下种植某种作物。这样一来，未来的考古学家将会在一大片区域内发现单一的植物花粉化石，这就是人类世存在的一个标志。

人造物质的化石

除了动植物化石，人类世的地层中还有可能出现一些之前所有地层都没有的化石——技术化石。

"技术化石"是由英国莱斯特大学的古生物学家在 2014 年创造的新词语，指人类用技术创造出来的东西所形成的化石。塑料无疑会位列其中，此外还有混凝土、人造玻璃、人造宝石等。

以塑料为例，这是人类目前使用最多的材料之一。塑料垃圾遍布世界各地，在自然条件下，塑料垃圾很难被完全分解，其中一部分可能会被埋在沉积物中。随着时间的推移，它们与沉积物一起被压扁并发生化学反应，像恐龙的骨骼一样成为岩石的一部分。

除了直接成为岩石的一部分，塑料可能还会以一种出人意料的方式成为化石。2013 年，人们在夏威夷群岛发现了一种包含了塑料垃圾、鹅卵石和沙子的小球体，这些小球体是在焰火的炙烤下形成的。美国地质学家根据这种现象提出了"塑料岩球"的概念。他们认为，在自然环境中，由于火山活动的作用，沙子、石头、熔化的塑料、玻璃以及人类丢弃的其他垃圾会融合在一起，形成一种新的岩石。这些岩石异常坚硬，还耐腐蚀，并且其构成与自然形成的岩石完全不同。

人类对地球的改变巨大，但是我们并不知道人类世会有多少有价值的化石被保存下来，也不知道未来的人们将如何解读这些化石。如果他们在地层中发现了大量的鸡骨、猪骨化石，却没发现人类化石，或许他们会认为，地球上曾有一个由鸡或者猪建立的文明。如果他们发现大片的小麦花粉化石，那么他们可能认为，人类世的地球上植物种类单一，并推断气候环境也单一。看来，未来人眼中的人类世界会是一个非常有趣的未解之谜呢！

·摘自《读者》（校园版）2020 年第 24 期·

输入验证码，为人类文明添砖加瓦

差评君

这些年来，验证码的形式越来越丰富，不少网友"吐槽"，没有足够的知识储备，连验证码都看不懂了。不知你有没有想过，这种明显让用户体验不佳的东西，存在的意义到底是什么？

其实，验证码的用处可以用简单的一句话来解释清楚：区分计算机和真正的人。

2000年年初，互联网的浪潮刚刚在全世界掀起，当时最让用户苦恼的一件事就是垃圾邮件太多。甚至有一些家伙还特意设计了程序，可以终日无休止地大量注册新邮箱账号，用来发送垃圾推广邮件。一位名叫路易斯的天才程序员就想到了法子，他发现计算机程序很难认清手写的文本，而人类可以轻松看懂。所以，可以在注册账号的时候设一道门槛——

必须输入"歪曲"的文本才能完成注册，用来识别计算机和真人。验证码由此而生，无数的黄牛、垃圾邮件、爬虫程序就这样被验证码挡在了门槛外面。

有网友计算过，全世界的网民每天要输入近 2 亿次验证码，每次输入按花费 10 秒计算，人类每天花在验证码上的时间已经超过 55 万小时。

或许有人会说："浪费时间就是浪费生命！验证码浪费了人类大量的生命！"不过说起来你可能不信，实际上输入验证码的时间并没有全被浪费。每一次输入验证码，你都可能在为人类的文化事业或者为人工智能贡献一份力量。

还是那个发明了验证码的天才路易斯，他发现许多公益组织在把旧书扫描成电子版，对计算机来说，那些斑驳的文字太难识别了。他想，书籍的内容大部分是文本，验证码也是文本，把扫描版的书籍文本对接到验证码上，让用户来识别不就行了？于是，一个叫作 reCAPTCHA 的新式验证码系统诞生了。

reCAPTCHA 会提供两个单词让用户识别。这两个单词都是书籍扫描版的一部分。计算机其实已经知道第一个单词是啥了，不过第二个单词计算机暂时还没能力认出来。面对第二个单词，一旦有 10 个人输入了同样的答案，那么这个答案就会被当作正确答案。靠这种方法，reCAPTCHA 每年能让 230 多万本旧书转化为电子版。

除此之外，你输入的验证码，还可能成为人工智能训练的养料。有一类街景验证码，是让人们选小轿车、路牌或者自行车等图片。在费眼又费脑地输入它们的时候，你其实在为谷歌的人工智能免费打工。因为这些图片大都来自谷歌街景，其中的一部分图片是 AI（人工智能）已经识别出来的，用来识别你是否为真人，另外还会夹杂着几张 AI 难以识别的街景，需要借助于你的劳动力。而这些数据，最后都会被用于培训人工智能。在各位的"辛勤喂养"之下，运用了 AI 技术的无人驾驶汽车 Waymo，已经在自动驾驶领域处于遥遥领先的地位。

如今，收购了 reCAPTCHA 的互联网公司已经把大部分验证码升级成了 reCAPTCHAv3。用户只要点击一下"我不是机器人"的按钮，就能轻松通过验证。但即便如此，验证码还是能从你身上吸点"油水"。因为在你点击按钮的同时，后台系统会监控你的行为。鼠标的运动轨迹，甚至你打开的网页都可能被收集，这些数据会被用来判断你是否为真人，并且帮助验证码系统进化。目前国外有超过 65 万个网站用 reCAPTCHAv3，每点击一次验证按钮，就等于打卡告诉后台系统你来过这儿，后台系统就会根据你去过的网站来给你推送定制的广告。

随着 OCR（光学字符识别）技术和 AI 的发展，验证码也在不断被破解，过去简单扭曲一下的字母，已挡不住现在的程序了。但无论验证码怎么进化，只要你是真真切切的人，验证码这一关都不可能真正挡住你。就像 reCAPTCHA 一直所倡导的那样：Tough on bots，Easy on Humans（对机器人困难，对人类简单）。

·摘自《读者》（校园版）2020 年第 23 期·

不被人类干涉的死亡都是正确的

【日】阿部弘士

烨　伊　编译

　　动物是怎样看待死亡的呢？大象似乎知道死亡是怎么一回事。有同伴倒下的时候，它们会用鼻子拱它，试图帮它站起来。如果还是不行，它们就知道那头象已经死了。之后它们就会待在死去的同伴身边，久久不肯离去，仿佛是在凭吊。黑猩猩的孩子死后，就算孩子的身体已经干瘪得像木乃伊一样，妈妈还是会抱着不放。动物多半是懂得死亡的吧？

　　"我快要不行了吧？"它们也许会这样感受到死亡的气息。动物的听觉和嗅觉比人类敏锐许多，有时候可以感受到我们察觉不到的异常现象。

　　我的一位朋友是兽医，同时还是动物摄影家。他告诉过我这样的事情：染上传染病的斑马似乎会发出类似"快杀了我""把我吃掉吧"的讯息。

狮子收到这种讯息，便会将狩猎的目标选定在它身上。如果染上传染病的斑马在斑马群中传播病毒，整个斑马群都会灭亡。因此，狩猎动物吃掉患上传染病的那匹斑马，就能阻止病毒波及整个斑马群。

野生动物的世界里，大家都在尽职尽责地扮演着自己的角色。

人们都说，野生动物生活在一个弱肉强食的世界里。真的是这样吗？那不过是人类观察到每个物种之间的关系后，随口发出的感叹罢了。"强壮的狩猎者狮子"和"柔弱的猎物斑马"，看上去的确符合弱肉强食的逻辑，其实并不尽然。狮子和斑马不过是构成了一条合情合理的生死关系链，这并不代表其中有一方强大，另一方弱小。所谓的"百兽之王"，不过是人们强加的标签。大自然中的狮子并没有那么威风凛凛，它们生了病会死，捕不到食物也会死，它们对生命同样专注和谦逊。我去过非洲的热带稀树草原，反而觉得成群结队的斑马比狮子更有风采。

大自然是建立在生态平衡基础上的。如果没有动物扮演狩猎者的角色，食草动物的数量一味增加，最终会把所有植物吃光，原本扮演猎物的一方就会灭绝。因此，负责保持生态平衡的狩猎者肩负着十分重要的任务。

北海道的狩猎者——狼，因人类的猎杀而灭绝。于是，北海道的鹿暴增，如今森林、草原、田野都被啃噬得一片荒芜，非常凄凉。

走遍世界，见过各个地方的野生动物后，我想，也许不被人类干涉的死亡都是正确的。无论是非洲的热带稀树草原，还是南美洲的亚马孙雨林；无论是西伯利亚，还是日本；一切自然界生物的生长和死亡，都应该顺应自然的规律，不受任何外在因素的打扰。

我们每个人都在一天一天地老去，我们的每一天，都是向死而生。人迟早会死，我希望我死的时候，能认为自己的一生是快乐的。今天的我在努力工作、努力吃饭、努力喝酒、努力玩乐，也在努力绘画、努力创作。作为一名饲养员出身的绘本作家，我应该向世人传递的信息，不就是一幅幅充满生命力的图画吗？否则，如何对得起那些死去的动物和此时此刻活在世界上的动物呢？

"你画的都是些什么东西嘛！""如果把我画下来，那我也算没有白死。"它们大概会这么想吧？我用自己的画，来表达对动物的感恩。

·摘自《读者》（校园版）2020 年第 8 期·

为什么没有维生素 F、G、H、I、J

黄 慧

对于维生素 A、B、C、D、E 我们都很熟悉，然而要再往下接，维生素家族的下一个成员就直接到维生素 K 了。那么，中间的维生素 F、G、H、I、J 都去了哪里？

让我们从"维生素"这个名字说起。

1912 年，卡西米尔·冯克成功分离出了"维生素"这种物质。维生素最早写作 vitamine，即拉丁语中的 vita（生命）+amine（胺），所以大概意思就是生命所需的胺类，但后来发现维生素里不只有胺，所以就把 e 去掉，改叫 vitamin。

"维生素"这个概念刚出现时定义非常宽泛：生命所需的胺，那得有多少物质符合条件啊。

在此后的数十年里，很多人都声称发现了新的维生素，这里面有不少是不同团队各自独立发现的相同物质，或者实际上是混合物，总之都给套上了一个时髦的"维生素"的名头。

在发现维生素的历程中，人们也曾有过一套起名规则。

1915 年，人们发现，冯克所命名的"维生素"实质上包含了脂溶性和水溶性的两种物质。这两种物质分别被命名为维生素 A 和维生素 B。当时人们决定，如果以后发现了新的维生素，就按照字母表的顺序由 A 到 Z 排下去。

维生素 C、维生素 D、维生素 E 都按照这个规律出现了，然而排到 F 时出了问题。

20 世纪 20 年代，人们发现维生素 B 不是一种物质，而是一群物质。科学家很快就找出了其中两种，并把它们叫作维生素 F 和维生素 G。不过，由于这两种物质都是从维生素 B 里分离出来的，所以很多人也叫它们维生素 B1 和维生素 B2。

1927 年，英国医学研究委员会下属的食品附加因子委员会直接肯定了维生素 B1 和维生素 B2 的叫法，而维生素 F 和维生素 G 的称呼就没人用了。

不久后，维生素 F 又被捡起来，作为人体必需脂肪酸的名字。随着研究的扩展和深入，人们又意识到必需脂肪酸实际上是脂肪的组成成分，而脂肪不算是维生素，因此必需脂肪酸被剔除出了维生素的行列，维生素 F 这一名称再次被废弃。

后来，有的维生素顺应了潮流，被命名为大家更习惯的名字，比如"泛酸"实际上是维生素 B5，"叶酸"实际上是维生素 B9。有的维生素命名则与商业有关。例如维生素 U 是一种可能有抗溃疡作用的物质，"U"来自 ulcer（溃疡）一词的首字母。但并无证据证明它是人体必需的，所以也不是正儿八经的维生素。

总结一下就是，维生素 F、G、H、I、J 以及后面的维生素大部分因为重名、实质上为混合物以及不符合维生素定义而被开除了"维生素籍"，少部分则拥有了更恰当的名字，比如泛酸、叶酸、生物素。

·摘自《读者》（校园版）2021 年第 6 期·